U0624590

国家图书馆海外中国问题研究资料中心

国外中国研究著作选目提要

2013

国家圖書館出版社

National Library of China Publishing House

图书在版编目（CIP）数据

国外中国研究著作选目提要·2013 / 国家图书馆海外中国问题研究资料中心编. —北京：国家图书馆出版社，2016.9

ISBN 978 - 7 - 5013 - 5919 - 6

Ⅰ. ①国⋯　Ⅱ. ①国⋯　Ⅲ. ①外文图书 - 专题目录 - 中国　Ⅳ. ①Z88：G256.1

中国版本图书馆 CIP 数据核字（2016）第 195279 号

书　　名	国外中国研究著作选目提要·2013
著　　者	国家图书馆海外中国问题研究资料中心　编
责任编辑	许海燕
编辑助理	黄　鑫
出　　版	国家图书馆出版社（100034　北京市西城区文津街 7 号） （原书目文献出版社　北京图书馆出版社）
发　　行	010 - 66114536　66126153　66151313　66175620 66121706（传真）　66126156（门市部）
E-mail	nlcpress@ nlc. cn（邮购）
Website	www. nlcpress. com→投稿中心
经　　销	新华书店
印　　装	北京华正印刷有限公司
版　　次	2016 年 9 月第 1 版　2016 年 9 月第 1 次印刷
开　　本	787×1092（毫米）　1/16
印　　张	15.5
字　　数	300 千字
书　　号	ISBN 978 - 7 - 5013 - 5919 - 6
定　　价	48.00 元

主编：李　嘉

编委：陈颖艳　李东屹　梁　婧

　　　陈　宁　李婷婷　潘　望

　　　周子琦　尹汉超　李　嘉

编辑说明

本书承接《国外中国研究著作选目提要·2012》，搜集整理了 2013 年出版的国外中国研究著作目录，并选择其中有代表性的著作撰写提要。

本书收录的著作依然以人文和社会科学类学术研究著作为主，共收录提要 149 篇，包括英、日、法三个语种的著作；书目 1170 条，涵盖英、日、法、韩、俄、意六个语种。

本书分为提要和附录两部分。提要部分按著作语种和"外交·国防·安全""政治·社会·环境""经济·资源·发展"和"历史·思想·文化"四大主题分类。各类下的提要依作者姓名首字母音序排序。提要内容包括书目信息、书影、提要和作者简介。如收录同一作者的两部或两部以上著作，则只在第一部著作提要后对作者进行介绍，其余从略。

附录部分为书目。首先按英、日、法、韩、俄、意六个语种分类，英、日、法文书目再按"外交·国防·安全""政治·社会·环境""经济·资源·发展"和"历史·思想·文化"进行主题分类；韩、俄、意三个语种的书目由于数量较少未进行主题分类。各类下的书目依作者姓名首字母音序排序。书目内容包括著（编）者、书名、出版者和出版年。若著（编）者超过三人，则只著录第一人并加［et al.］（英文书目）、［etc.］（法文书目）、［ほか］（日文书目）、［등］（韩文书目）或［и др.］（俄文书目）。凡撰有提要的著作在书目中均用＊号标出。

本书提要仅就各国外中国研究著作作客观描述，并未进行主观性评价。文中所涉及观点均不代表本书编者及本书出版社。

编　者

2016 年 1 月

目　　录

英文著作提要

外交·国防·安全

Beckman, Robert C. [et al.]. *Beyond territorial disputes in the South China Sea: legal frameworks for the joint development of hydrocarbon resources.* Edward Elgar, 2013.

跨越南海领土争端：油气资源联合开发的法律框架

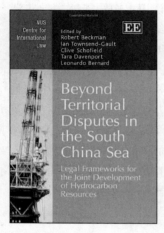

相当长一段时间以来，南海争端一直被认为是造成亚洲局势紧张和外交、军事冲突的一个重要原因，而南海争端的实质是中国、越南、菲律宾、马来西亚和文莱五国对南海诸岛及其附近海域丰富的海洋和海底资源的争夺。解决南海争端的可行方案之一就是暂时搁置各国的利益诉求，探求各国联合开发南海油气资源的可能性。本书邀请了数位从事海洋法研究多年并且特别关注南海问题的专家学者，共同探讨了南海争端涉及的法律问题和地缘政治因素，从理论、政策和实践层面剖析了南海联合开发的前提条件、开发原则、开发协议的谈判、资源重叠区域的处置、联合开发的通常规则和开发前景等，并对争端各方应如何推进联合开发给出了具体建议。此外，本书还试图通过考察亚洲地区联合开发的先例，如东南亚、东北亚和北部湾的联合开发，以及帝汶海和托雷斯海峡的条约、协议，来寻找南海联合开发可资借鉴的经验教训。本书特别强调，南海争端各方需要加强自身约束，遵守国际法和联合国海洋法公约，为争端降温，并为联合开发创造有利的环境。

Robert Beckman, 新加坡国立大学（National University of Singapore）国际法中心主任。

Ian Townsend-Gault, 加拿大英属哥伦比亚大学（University of British Columbia）法学院东南亚法律研究中心主任。

Clive Schofield, 澳大利亚伍伦贡大学（University of Wollongong）国家海洋资源与安全中心研究主任。

Tara Davenport, 新加坡国立大学国际法中心博士后。

Leonardo Bernard, 新加坡国立大学国际法中心博士后。

Chan，Stephen. *The morality of China in Africa：the middle kingdom and the dark continent.* Zed Books，2013.

中国的非洲之道：中央王国与黑暗大陆

本书汇集了数篇研究文章，从非洲和中国两个视角解读了中国在非洲的影响力和中国的非洲政策，考察了发展中的中非关系，反驳了当前某些有关中非关系的观点，包括被高估的非洲之于中国的重要性，中国缺乏对援助非洲的风险的认识，中国能够主导非洲的发展，等等。本书的研究结论与过去十年间的相关西方学术研究结论形成了鲜明对比。编者认为，中国在非洲并没有所谓的总体战略，因为非洲大陆有 54 个国家，实行单一的战略是根本不可能的。从中国的角度看，中国在非洲开展的基础设施建设项目，以及中国投资数亿美金用于建造学校、医院、剧院和足球场的行为，可以为中国赢得非洲当地政府的好感，从而降低未来商业贸易的成本。从非洲的角度来说，编者指出，因为有着无可比拟的自然资源优势，作为中国能源的重要供应商，非洲各国必须学习如何与中国进行谈判，同时大力发展本地制造业，从而增加谈判筹码，最终实现自我崛起。

Stephen Chan，英国伦敦大学亚非学院（School of Oriental and African Studies，University of London）国际关系学教授。

Deodhar, P. S. . *Cinasthana today*: *viewing China from an Indian eye*. Tata McGraw Hill Education, 2013.

今日中国：以印度视角看中国

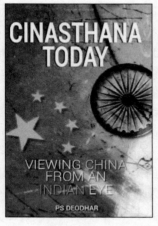

多年来，中国已经成为印度的一个热门讨论话题，但是由于 1962 年的中印边境冲突，很多印度民众仍然对中国存有很大的误解。尽管在过去的近 60 年间，中印两国再没有出现其他对抗，但 1962 年的战争还是影响着印度对中国的看法，使很多印度人对中国保持着警惕和怀疑的态度。本书从印度视角观察中国，客观公正地介绍了从印度孔雀王朝时被称为"支那地"（Cina sthana）到今天作为世界主要经济力量的中国，并同印度进行了对比。全书共分为五个部分：中印两大文明古国悠久的历史文化联系，今日中国人和他们的生活，商业和工业，国际事务与中印关系，中国的领导人。本书作者的职业经历使他能够从官方和民间两个层面观察中国与印度。作者希望通过这本书对舆论产生积极影响，促进中印关系的进一步发展。

P. S. Deodhar，中印经济文化促进会（India China Economic and Cultural Council）会长。曾任印度电子工业部部长，APLAB 集团创始人，被誉为印度工业发展的指路人。

Dobson, Wendy. *Partners and rivals: the uneasy future of China's relationship with the United States.* University of Toronto Press, 2013.

伙伴与对手：中美关系不稳定的未来

中美关系正处于十字路口，在经济上两国关系越来越紧密，而政治上却龃龉不断。本书前半部分探讨了中国国内面临的各种问题，后半部分从四个角度——中国人和美国人如何看待自己和对方，中国在国际组织中扮演的角色，影响两国关系的内部因素和外部因素，对中美关系进行了详细的分析。作者认为中美两国人民对对方的看法是多样性的，两国应加强民间往来以促进相互理解，从而消除民众的敌对意识。对于中国在国际组织中扮演的角色，作者认为中国没有随着其经济地位的提升而及时做出调整。中国在国际组织中的参与主要是为了寻求本国利益，而没有担当起与大国地位相配的领导责任。中美两国应加强在全球公共利益方面的合作，如能源安全、气候问题以及网络安全，从而提升两国关系。在外部影响因素方面，作者强调了亚洲对中美关系的影响，认为两国都需要摆正自身在亚洲的位置。对于如何加强两国关系，作者还给出了一些建议，包括高层领导的经常性会面，提高双方国家信息的透明度，加强战略和经济对话，鼓励更多的直接投资，解决好各自的国内事务以赢得对方尊重，等等。

Wendy Dobson，加拿大多伦多大学罗特曼管理学院（Rotman School of Management at the University of Toronto）教授。加拿大顶尖国际经济学家之一，曾任加拿大财政部副部长。

Eder，Thomas Stephan. *China-Russia relations in Central Asia*：*energy policy*，*Beijing's new assertiveness and 21st century geopolitics*. Springer，2013.

中亚地区的中俄关系：能源政策，中国的新魄力与 **21** 世纪的地缘政治

随着中国崛起成为全球强国，中国和其他主要大国之间的关系，包括与俄罗斯的关系，都在不断进行调整。能源是影响中俄两国之间外交政策的关键问题，通过广泛梳理 1997 年至 2012 年间出版的中文学术文献，本书指出，中俄两国在中亚地区的能源储备上存在着利益之争。虽然早先文献中预测的冲突没有发生，但是将中国与中亚的能源关系描述为"能源安全的核心"，以及明确排斥中亚是俄罗斯的"势力范围"的观点，说明中俄之间中亚能源的较量远未结束。作者认为，长远而言，中国会取代俄罗斯成为中亚能源领域的主导力量，而俄罗斯会把这看作是另一个中国对俄罗斯利益的"侵蚀"行为，从而对中俄目前的"战略伙伴关系"构成挑战。

Thomas Stephan Eder（戴昕昊），奥地利维也纳大学（University of Vienna）法学院国际法专业博士生，香港大学法学院研究助理。

Freeman, Chas W. Jr.. *Interesting times: China, America, and the shifting balance of prestige.* Just World Books, 2013.

无常时代：中国、美国与国家威望的再平衡

自 1972 年时任美国总统尼克松的中美关系破冰之旅 40 余年后，中美两国之间已经在战略、经济和文化等各个层面发展成为"21 世纪最重要的双边关系"。但是在全球势力转移与再平衡的过程中，中美之间是否可能发生严重冲突或对抗的疑问也浮出水面。本书作者是美国资深外交家，熟谙全球事务，同时，作为尼克松访华的首席翻译，他也是中美建交的亲历者，对中国文化有深入研究。作者基于亲身参与中美关系建立和发展的实践经验，对 1969 年至 2012 年这 40 多年间中国的发展和中美关系的变化进行了分析与思考，并展望了中美关系下一个 40 年的发展。

本书共十一章。第一至二章回顾了尼克松访华和长期疏离的中美两国实现外交正常化的过程。第三至五章从不同角度重点分析了自 1972 年以来与中美关系紧密相关的台湾问题的演变。第六至七章探讨了 40 年来中国发展对中美关系的影响。第八至十一章分析了中国在当今世界所扮演的角色，以及中美两国外交关系的发展。作者总结了美国对华政策在过去大约 70 年间采用的四个政策框架，他认为目前这些政策框架均已不再适用，美国需要调整对华政策并寻找与中国打交道的新的战略框架。

Chas W. Freeman Jr.（傅立民），美国最著名的外交家之一。毕业于耶鲁大学和哈佛大学法学院，1972 年曾任尼克松访华的首席翻译，1981 年至 1984 年任美国驻华公使。20 世纪 90 年代以来，曾先后担任美国国防部负责国际安全事务的助理国防部长、美国驻沙特阿拉伯大使和美中政策基金会共同主席等职。

Hall, Gregory Otha. *Authority, ascendancy, and supremacy: China, Russia, and the United States' pursuit for relevancy and power*. Routledge, 2013.

权威、优势与霸权：中国、俄罗斯与美国对地位和权力的追求

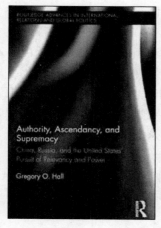

本书考察了后冷战时代中国、俄罗斯和美国三巨头之间势力和影响力的竞争。随着印度、伊朗、巴西和土耳其等区域强国的崛起，三巨头之间的关系和竞争也在不断变化。因为事关区域安全的重建和掌控在全球事务中的影响力和权力，所以这一现象不容忽视。在后冷战时代如何定义全球大国和区域大国？三巨头之间的关系对区域各国有何影响？作者逐一评估了三个国家的经济、资源、军事、社会和政治领域的形势，利用源自直接或间接信息中的数据，各国在国际交往中的事件资料和政策制订者、专家学者等各方观点，揭示了三巨头之间自 20 世纪 90 年代开始的、极有可能随时引发大国间武装冲突的势力和影响力竞争。

Gregory Otha Hall，美国佐治亚州亚特兰大莫尔豪斯学院（Morehouse College）政治学系主任、副教授。

Hayes，Jarrod. *Constructing national security*：*U. S. relations with India and China.* Cambridge University Press，2013.

构建国家安全：美国与印度和中国的关系

本书探究了为何民主国家之间不太可能动用武力的问题。作者认为，民主认同，即民主国家间存在着对于"我们"是谁和"我们"对彼此有何期待的共同理解，使得民主国家的政治领袖们很难将其他民主国家视为威胁。同时，作者发现，民主认同也强化了民主国家的政治行为者将非民主国家视为威胁的想法。为了说明此观点，作者观察了美国与两个崛起中的大国——印度和中国的关系。作者通过孟加拉战争和美国对印度发展核武器的态度论证了美印两国基于相互认同的国家关系；通过台海危机和 EP－3 侦察机事件论证了美国将中国作为非民主的"他者"加以防备，以及基于此形成的中美关系。

Jarrod Hayes，美国佐治亚理工学院（Georgia Institute of Technology）国际关系学副教授。

Inoguchi，Takashi；Ikenberry，G. John. *The troubled triangle*：*economic and security concerns for the United States*，*Japan*，*and China*. Palgrave Macmillan，2013.

陷入困境的三角关系：中美日三国面临的经济与安全问题

本书探讨了世界上最大的三个经济体——美国、日本和中国是如何在一个不稳定的基础上构建它们之间的三角关系的，而造成不稳定的关键因素在于经济吸引力（美国的全球性货币、日本的高科技、中国的制造业和市场）与国家安全（美国希望保持主导地位、日本希望维护美日联盟、中国在追求自主性）之间的矛盾。本书汇集了三个国家的学者对三国关系的深入思考，对陷入困境的三国关系进行了客观分析。主要内容包括：东亚及自由国际秩序——霸权、稳定和塑造东亚区域秩序中的一致意见，冷战后日本外交政策路线，和平崛起、多极化和中国外交政策路线，日本的美国政策及国内背景，中国的美国政策及国内背景，国内政治与美日同盟，中国的日本政策及国内背景，日本、中国和美国"轴心"——三边分析，日本对华政策等。

Takashi Inoguchi（猪口孝），日本新潟县立大学（新潟県立大学）校长，东京大学荣休教授，前联合国助理秘书长。

G. John Ikenberry，美国普林斯顿大学（Princeton University）教授。2001 年出版的《大战胜利之后：制度、战略约束与战后秩序重建》（*After victory*：*institutions*，*strategic restraint*，*and the rebuilding of order after major wars*）一书荣获美国政治学会 2002 年度最佳国际历史与政策著作杰维斯·施罗德奖。

Jones, David Martin [et al.]. *Asian security and the rise of China: international relations in an age of volatility*. Edward Elgar, 2013.

亚洲安全与中国崛起：动荡时代的国际关系

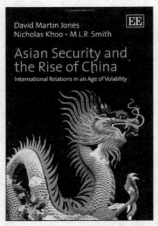

东亚无疑是一个具有重大经济、政治和安全意义的区域。本书对冷战结束后的亚太地区国际政治进行了全面概述与评估，并试图阐释亚洲国际关系的核心驱动力。本书以当代亚洲政治的核心议题——中国崛起为主要关注点，从现实主义角度对强国崛起引发的动力与摩擦进行了阐述。本书作者们评估了中国的崛起及其对东北亚和东南亚区域关系动向的影响，论证了中国经济发展以及中国的区域雄心和全球雄心与建立在共识基础上的现行区域机制——如东盟地区论坛和东亚峰会机制相冲突，其结果是使较小的国家越来越倾向于采取对冲和平衡战略以削弱中国的霸权地位，这也使得亚洲陷入一种复杂的、充满潜在不稳定因素的安全困境。本书各主要章节包括：后冷战时期的中美关系，东北亚各国对中国崛起的反应，东盟对其在东亚国际关系中的地位的艰难探寻，动荡年代中的东盟，国家权力、民主和东南亚区域主义，澳大利亚外交政策，中国的崛起与中等强国对新旧安全困境的反应，东亚与北方金融危机。

David Martin Jones, 澳大利亚昆士兰大学政治科学与国际研究学院（School of Political Science and International Studies, University of Queensland）副教授。

Nicholas Khoo, 新西兰奥塔哥大学（University of Otago）政治系高级讲师。

Michael Lawrence Rowan Smith, 英国伦敦大学国王学院（King's College, University of London）战争研究系战略理论教授。

Mendes，Carmen Amado. *Portugal*，*China and the Macau negotiations*，*1986-1999*. Hong Kong University Press，2013.

葡萄牙、中国和澳门回归谈判（1986—1999）

历经近 450 年的葡萄牙统治之后，澳门于 1999 年 12 月 20 日回归中国。本书分析了葡萄牙政府在澳门回归谈判过程中使用的策略。作者将这一事件置于包括葡萄牙帝国的衰退、中英香港谈判的经验、澳门内部不断变化的社会和政治环境在内的广阔背景下加以研究，详细描述了中葡两国在 1986 年至 1987 年间的双边谈判和澳门联合声明的签署；回归前的澳门本土化政策和国际公约对澳门的适用性；澳门国际机场建设争端；东方基金会未来的管辖权等敏感议题和围绕澳门回归的一系列事件。作为国际舞台上一个较为弱势的国家，葡萄牙在谈判期间还是获得了中国的一定让步，特别是在政权移交的时机和为部分澳门公民保留葡萄牙国籍的安排上。不过，作者认为，由于葡萄牙领导人把澳门问题当作了影响国内政治议程的一个工具，致使他们难以制定一个更有效的谈判战略，从而使中国掌握了控制谈判进程的主动权。本书是第一部从葡萄牙视角分析澳门回归谈判的著作。

Carmen Amado Mendes，葡萄牙科英布拉大学经济学院（School of Economics，University of Coimbra）国际关系学教授，主持该校"一国两制：澳门在中国与欧盟及葡语国家关系中的角色"研究项目（An analysis of the "One Country, Two Systems" formula：The role of Macau in China's relations with the European Union and the Portuguese Speaking Countries）。

Rapkin, David P.; Thompson, William R.. *Transition scenarios*: *China and the United States in the twenty-first century*. The University of Chicago Press, 2013.

权力过渡：21 世纪的中国和美国

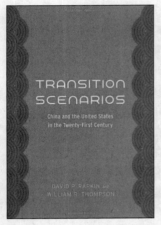

在欧美经济停滞的状态下，中国在全球经济中一枝独秀，由此引发了一个重大推测，即我们是否正处在全球权力关系转变的初期？人们普遍将这一权力过渡时期视作一种新兴事物，但实际上在过往历史中此类系统性转变比比皆是，而且某些转变还伴随着危险的后果。我们能否借鉴历史上的权力转变来预言未来的转变？如果可以的话，我们能从中借鉴什么？本书作者运用国际关系理论中的权力转移理论，设想并分析了中国和美国之间的四种权力转移前景：美国治下的和平、转移战争、中国治下的和平与自由和平。作者认为，这四种情景都不是预先注定的或必然的、即将出现的，权力转移的可能性、转移的时间和进程依然不甚明了，现实的世界体系走向仍然是一个有待研究的问题。

David P. Rapkin，美国内布拉斯加大学林肯分校（University of Nebraska-Lincoln）政治学荣休副教授。

William R. Thompson，美国印第安纳大学（Indiana University）政治学教授。

Rozman，Gilbert. *China's foreign policy*：*who makes it*，*and how is it made*? Palgrave Macmillan，2013.

中国的外交政策：谁制定，如何制定？

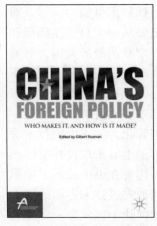

2011 年 5 月，韩国峨山政策研究院（The Asan Institute for Policy Studies）举行了主题为"中国外交政策决策"的研讨会，这次会议对中国外交政策的重新评估汇集了各方声音，力求通过热烈讨论来共同探索那些中国外交政策制定过程中尚未被解释清楚的行为。本书所收会议论文更新至 2011 年年底，补充了中国第五代领导人接班前夕关于中国外交政策的预判。全书分五个部分：第一部分，中国领导人与外交政策。探讨了中国领导人面临的外交挑战，中国第五代领导人的外交政策前瞻等。第二部分，中国智库与外交政策。分析了中国外交政策研究机构和智库及其对外交决策的有限影响力。第三部分，中国的民族认同与外交政策。探讨了中国的民族认同与外交政策之间的关系，美国对中国民族主义的反应。第四部分，中国外交决策中的财政因素。分析了中国的金融和货币政策是如何与中国的外交决策相互影响的。第五部分，中国对朝鲜半岛的外交政策。分别探讨了中国的北朝鲜政策和当时正在形成中的对韩政策，以及中国的网民对朝鲜和韩国的认知与感受。

峨山政策研究院成立于 2008 年 2 月，是韩国最年轻的无党派智库之一。研究院旨在进行独立的外交政策研究，提供创新性的政策解决方案，引导公众对国际问题开展讨论，推动朝鲜半岛和平统一，维护东北亚地区稳定。

Gilbert Rozman（饶济凡），美国普林斯顿大学（Princeton University）社会学教授，外交政策研究所（Foreign Policy Research Institute）高级研究员。主要从事东北亚社会研究。

Wortzel, Larry M.. *The dragon extends its reach*: *Chinese military power goes global*. Potomac Books, 2013.

巨龙伸展：中国军力全球化

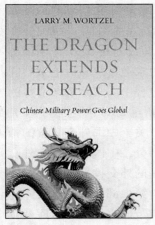

本书评估了中国的战略目标和军事能力，以及对美国形成的政策挑战。中国已经从一个只关注局部和本地安全利益的国家转变为一个政治经济大国，有着全球利益、投资和政治承诺。现在中国需要一支能影响全球的部队来保障其利益，尽管部队规模有所限制。中国共产党的领导层要求中国人民解放军肩负一个富有挑战性的新使命——国际化。随着中国技术进步和国内武器平台的发展，再加上对于现代冲突的迅速反应，中国军队改头换面。作者在书中展示了中国在空间、网络、战略导弹和其他先进技术方面的能力提升，以及这些能力的提升如何让中国成为一个崛起的军事力量。

Larry M. Wortzel，美国亚洲防务及反间谍专家，有长达32年的军旅生涯，曾任美国驻华使馆武官，美中经济和安全审议委员会（U. S. -China Economic and Security Review Commission）委员，美国传统基金会（Heritage Foundation）亚洲研究中心主任。

政治·社会·环境

Besharov，Douglas J.；Baehler，Karen. *Chinese social policy in a time of transition.* Oxford University Press，2013.

转型时期的中国社会政策

中国经济的迅猛发展世人皆知，但却很少有人了解不太成功的中国社会政策转型。本书绝大部分文章最初提交于 2009 年在新加坡举办的"比较视野中的亚洲社会保护"（Asian Social Protection in Comparative Perspective）国际会议，会议邀请了各大洲学者就亚洲社会保护问题和社会政策进行讨论，其中汇集了很多关注中国社会政策发展的高质量论文。这些论文研究涉及的时间段从 20 世纪 90 年代中期到 21 世纪初。在这段时间里，中国政府一直在努力整合社会政策框架，主要的政策决议包括：在全国建立统一的城镇企业职工基本养老保险制度；进一步规范和完善失业保险；重新规划全国范围内农村医疗保障的覆盖范围；向城市移民农村子女开放城市教育系统；在少数民族地区引进三语（母语、汉语、外语）教育政策；高校扩招；积极应对艾滋病问题以及平衡各省份之间社会福利支出，等等。书中除了对上述政策进行了深入分析以外，还就中国社会政策的跨部门趋势进行了更广泛的研究，并将中国的社会发展与越南和印度的社会发展进行了比较。

Douglas J. Besharov，美国马里兰大学公共政策学院（School of Public Policy，University of Maryland）教授。

Karen Baehler，美国大学公共事务学院（School of Public Affairs，American University）驻校学者，澳大利亚和新西兰政府学院（Australia and New Zealand School of Government）兼职高级讲师。

Callahan, William A.. *China dreams*: *20 visions of the future*. Oxford University Press, 2013.

中国梦：20 种未来愿景

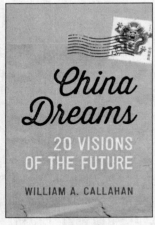

中国的改革开放始于 1978 年，经过 30 多年的持续发展，中国使 3 亿多人成功地摆脱贫困，并在 2010 年超过日本成为世界第二大经济体。同时，全世界都在探讨中国经济发展的成功，并关注中国下一步如何走，特别是中国能否将经济领域的强大发展势头延伸到政治和文化的全球影响力上，因此，"中国梦"的提出得到了广泛关注。本书是第一部在中国境外出版的解读"中国梦"的书籍，作者选取了 20 位不同职业的中国人，包括官员、学者、作家、军人、新闻工作者和艺术家等，在书写他们的梦想的过程中，展示了"中国梦"的广泛性和多样性。作者在第一至五章分别用中国政治、宏观战略、经济发展模式、社会变迁和文化生活五个主题概括了"中国梦"。在结尾的第六章，作者首先对这些中国梦进行了总结，随后探讨了中国梦与美国梦之间、中国例外论与美国例外论之间的紧张关系，借此揭示中国未来将在世界上扮演怎样的角色，以及会给西方国家带来怎样的影响。

William A. Callahan（柯岚安），英国伦敦政治经济学院（London School of Economics and Political Science）国际关系学教授。

Cao，Liqun［et al.］. *The routledge handbook of Chinese criminology.*
Routledge，2013.

中国犯罪学指南

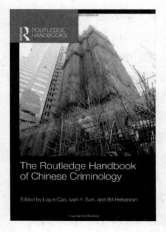

中国近年在犯罪学研究领域取得了很大成绩。本书旨在为有兴趣研究大中华区犯罪学发展以及国际犯罪学的学者们提供一个集合大量中英文犯罪学文献的重要指南。本书内容包括五部分：犯罪学作为一个学科在当代中国的发展情况以及其中显现出的某些独特理论、策略和控制犯罪的哲理性问题；中国刑事司法系统分析，包括警察、法院、修正法、青少年司法和死刑；中国正在研究的犯罪领域的各种议题和问题探索；关于中国的犯罪和犯罪行为本质的思考，包括贩毒、卖淫、贩卖人口、贪污腐败、家庭暴力犯罪；台湾、香港、澳门地区的犯罪和刑事司法研究。

Cao Liqun（曹立群），加拿大安大略理工大学（University of Ontario Institute of Technology）社会学与犯罪学教授，湖南大学兼职研究员。

Ivan Y. Sun（孙懿贤），美国特拉华大学（University of Delaware）社会学与刑事司法系教授。

Bill Hebenton，英国曼彻斯特大学法学院（School of Law，Manchester University）教师和研究员，曼彻斯特中国研究中心助理研究员。

Chan，Kwok-bun. *International handbook of Chinese families*. Springer，2013.

国际华人家庭手册

不论在中国，还是在中国以外的国家和地区的华人群体中，家庭始终是华人社会的根基。对于散居国外的华人来说，他们比任何人都更清楚地了解移民给家庭稳定带来的影响，以及其中反映出的种种社会问题，例如身份认同困境，种族、代际和性别政治，等等。本书汇集了 41 位各学科领域学者的文章，他们将华人家庭视为一种社会制度，通过各种各样的案例对来自中国大陆、香港、台湾以及新加坡、澳大利亚、加拿大和美国的华人家庭进行了多方面的考察，内容涉及家庭与婚姻，亲子冲突与家庭凝聚力，移民家庭，回流移民的社会与家庭关系，生育的性别偏好和生育率，社会分层与育儿观，独生子女政策及其对家庭的影响，家庭中的男女平等，家庭财务风险，老年人的赡养，等等。

Chan Kwok-bun（陈国贲），香港浸会大学（Hong Kong Bapist University）社会学讲座教授，曾任香港社会学学会主席，香港浸会大学林思齐东西学术交流研究所所长、社会学系主任，于 2010 年在香港创立陈国贲学院（Chan Institute of Social Studies）并任主席，主要研究领域为中国社会中的家庭、商业网络和海外华人的身份认同等。

Chen，Fei；Thwaites，Kevin. *Chinese urban design：the typomorphological approach*. Ashgate，2013.

中国城市设计：形态类型法研究

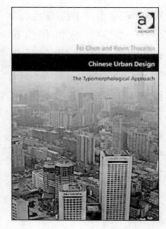

中国传统城市正在经历着一种身份危机。随着城市的迅速发展，新兴建筑与城市遗产之间的冲突也愈发激烈。我们迫切需要找到一种合适的方法，通过规划和立法来解决这一问题。此外，即使中国的城市建设已有相当长的历史，但对中国城市现存的研究方法仅是描述性的。因此，对中国城市形态的持续解读也变得尤为重要，同时也提醒设计师和政策制定者关注城市问题。本书针对这些问题提出了一个有关城市调查和城市设计的分析及概念框架。首先，总结了传统的城市设计理念，以及中国的城市随着时间迁移发生的改变。其次，介绍和提供了一套最初产生于西方国家的理论背景和科学方法，并通过真实案例——南京城，让读者更好地理解中国城市的演变历程。本书通过提供一个有关城市类型和形态的跨文化调查方法，探讨了城市设计师和地方决策者的文化设计理念，以及他们在设计过程中考虑如何反映当地居民的生活方式和文化需求。

Chen Fei（陈飞），英国利物浦大学（University of Liverpool）建筑系讲师。

Kevin Thwaites，英国谢菲尔德大学（University of Sheffield）景观设计系高级讲师。

Chen，Jie. *A middle class without democracy*：*economic growth and the prospects for democratization in China.* Oxford University Press，2013.

中产阶级与民主：中国的经济增长与民主化前景

　　作者在 2007 年至 2008 年间对处于不同经济发展程度的中国三个典型代表城市——北京、成都和西安进行了调研，调研样本不仅包括中产阶级，也包括非中产阶级，这使得跨社会阶层分析成为可能。本书就是基于调研取得的概率抽样调查和样本访谈数据所得的研究成果。此外，本书还运用权变法分析了中国中产阶级对民主的态度。研究结果表明，中国中产阶级对中国民主制度的支持程度低于社会底层民众。尽管大多数新兴中产阶级都支持那些保护个人权利的民主制度，但是对支持政治自由和竞争性领导人选举之类的民主制度不感兴趣，也不热心参与政府事务。因此目前中国新兴中产阶级不可能成为民主化政治变革的代理人或支持者。作者认为，中国新兴中产阶级对政府的依赖，以及他们对自己在当前政权统治下的社会和经济条件感到满意，是中产阶级对民主的态度不积极的主要原因。但是作者也指出，中产阶级对民主的态度不会是一成不变的，一旦他们对政府的依赖程度下降，对于自身社会和经济地位的看法转向悲观，中产阶级就可能会支持迈向民主的政治变革。

　　Chen Jie（陈捷），美国老道明大学（Old Dominion University）政治学教授。

Chen，Minglu；Goodman，David S. G. . *Middle class China*：*identity and behavior.* Edward Elgar，2013.

中国的中产阶层：身份与行为

　　关于中国中产阶层的讨论无处不在，但"中国中产阶层"的概念却很模糊。本书是一系列专题文章的汇编。作者认为，较为典型的中国中产群体包括两大类：企业家和广大的产权阶层。除此以外，广泛意义上的中产阶层还包括律师、信息咨询人员、经理人、教授等受过高等教育的白领阶层。作者研究发现，中国中产阶层中的企业家和经理人群体是最反对进行政治改革的；城市里受过高等教育的中产阶层是现状的坚定维护者；新一代企业家阶层与党和国家的关系也异常紧密；民营企业家对政府的依赖更为严重，对民主改革缺乏动力。本书的结论是，中国的中产阶层缺乏统一的身份，也缺乏统一行动的意愿，他们会就某一议题进行激烈抗争，但不愿卷入各种名目的政治运动。

　　Chen Minglu（陈明璐），澳大利亚悉尼大学（University of Sydney）政府及国际关系系讲师。

　　David S. G. Goodman，澳大利亚悉尼大学政府及国际关系系中国政治教授。

Chu，Ben. *Chinese whispers*：*why everything you've heard about China is wrong*. Weidenfeld & Nicolson，2013.

以讹传讹：为什么你听到的关于中国的每一件事情都是错的

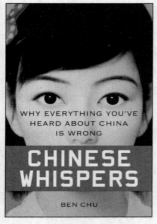

"Chinese whispers"是一种游戏，游戏规则是第一个人给第二个人讲述一个故事，从第二个人开始以口耳相传的方式复述自己从前一个人那里听到的故事。然而，在故事传达的过程中，信息不断丢失或错位，故事的最终版本会与初始版本产生巨大的差异，最后会出现以讹传讹的结果。本书作者以此为题，用游戏中的故事指代有关中国社会的信息和观点，参与游戏者则代表所有对中国感兴趣、自认为了解中国、喜欢对中国问题加以评说的人。作者在书中列举了七个典型的关于中国社会的认识，包括：中国拥有古老不变的文化，中国有严重的种族歧视，中国不想要自由，中国拥有世界上最好的教育系统，中国人为了工作而活，中国人改造了资本主义以及中国将要统治世界。作者对这七个观点重新逐一审视，进而对现代中国社会进行了一次深入的分析。

Ben Chu，英国《独立报》（*The Independent*）经济编辑。

Day，Alexander F.．*The peasant in postsocialist China*：*history*，*politics*，*and capitalism.* Cambridge University Press，2013.

后社会主义中国的农民：历史、政治与资本主义

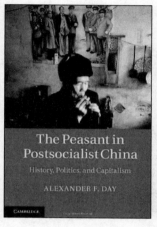

纵观中国全部历史，农民始终都是中国社会的根基，同时，农民问题也一直是中国现代化进程中备受争议的问题。今天，随着中国发展成为一个经济大国，农民问题变得越来越棘手。本书探讨了农民阶层在中国历史进程中的角色及其对中国后社会主义时期政治发展的重要作用。作者用历史视角考察了中国农民角色的转变、中国农村危机的当代争论和改革开放时期农民问题与知识分子政治的关系。作者原创性的分析纠正了那些认为推动中国社会发展的主要动力是城市和城镇居民的观点，同时论述了解决长期存在的农民问题的可行性方案，并指出这将会为中国通往现代化未来开拓一条新的道路。

Alexander F. Day，美国西方学院（Occidental College）历史学助教。

Fan, Hong; Lu, Zhouxiang. *The politicisation of sport in modern China: communists and champions.* Routledge, 2013.

当代中国体育的政治化：共产党员与冠军

在乐见中国体育取得成绩的同时，人们也开始质疑，如果没有"举国体制"，中国还能不能诞生那么多奥运冠军。本书在历史、政治和社会语境下，按照时间顺序检视了从 1949 年至 2012 年间的中国体育发展，探讨了中国体育的复杂性，包括苏联式的中国体育政策与实践，"两个中国"问题、冷战和"文化大革命"对体育的影响，体育外交和体育军事化，参与亚运会和奥运会的曲折历程，兴奋剂与反兴奋剂，后北京奥运时代的中国体育等诸多议题。通过分析中国体育、外交、政治和社会转型之间的关系，本书阐释了体育在 20 至 21 世纪中国崛起的过程中扮演了怎样的重要角色，以及中国是如何走近奥林匹克运动并进而通过举办奥运会来影响全世界的。本书的研究是基于重大体育事件、原始档案文献分析和针对体育政策制定者、奥运奖牌获得者和中国普通民众的广泛采访，可以说是一部新中国体育史的全面指南。

Fan Hong（凡红），澳大利亚西澳大学（University of Western Australia）人文学院亚洲研究教授，西澳大学孔子学院院长。

Lu Zhouxiang（吕洲翔），爱尔兰国立梅努斯大学（National University of Ireland Maynooth）语言文化学院当代中国研究讲师。

Fan, Kun. *Arbitration in China：a legal and cultural analysis.* Hart Publishing，2013.

仲裁在中国：法律与文化解析

在全球仲裁法和仲裁惯例相互协调的背景下，特别是非西方国家在国际商业与金融市场中扮演越来越重要的角色的情况下，地方性的法律传统在仲裁实践中还有多少影响力？世界各主要经济强国对这种法律和惯例相互协调的仲裁趋势有何反应？中国为此提供了一个很好的研究案例，因为中国具有以非对抗手段调解纠纷的历史传统，而今又要经常面对需要跨国仲裁的局面。中国能够在保持其传统法律文化的同时影响世界其他地区的仲裁方式吗？为了解答这个问题，有必要在不断变化的文化背景和法律框架下检视中国仲裁的发展。本书在结合理论分析与实践观察的基础上，对中国式仲裁提出了独特的见解。作者用跨学科视角和比较研究方法，将中国仲裁置于广阔的社会背景中，阐述了中国仲裁的历史，当代仲裁实践，仲裁中的法律障碍，以及未来的发展趋势。

Fan Kun（樊堃），香港中文大学法学院助教，香港亚洲仲裁（Arbitration Asia）资深顾问。

Fewsmith，Joseph. *The logic and limits of political reform in China*. Cambridge University Press，2013.

中国政治改革的逻辑与局限

　　自 20 世纪 90 年代开始，中国尝试了一系列政治改革，旨在以平稳的方式增加民众的政治参与度，减少基层官员权力滥用现象。尽管改革取得初步进展，但这一进程谨慎而缓慢。本书作者通过对温州和温岭等地的实地考察，从基层政治研究入手，提出改革的诱因已经很充分，却为何没有足够的动力延续和深化下去？在研究了一系列改革样本后，揭示了基层政权的运作方式以及各级地方官员的行为动机。作者虽然在书中剖析并肯定了温岭的民主恳谈会、基层民主选举等制度改革的尝试，但也承认没有看到中国从底层开始发生系统性转型的可能性。作者认为，与其强调投票选举型的民主，还不如期待中国出现更自由化的政治体制，比如在基层政权中吸纳民意参与到政策决策当中。全书共分为五章，分别就中国政府治理的问题，自下而上的改革与自上而下的发展，党内民主，温州模式和温岭模式进行了阐述。

　　Joseph Fewsmith（傅士卓），美国波士顿大学（Boston University）国际关系与政治科学教授，波士顿大学跨学科东亚研究项目主任，哈佛大学费正清中国研究中心（Fairbank Center for China Studies，Harvard University）研究员。

Geall，Sam. *China and the environment*：*the green revolution*. Zed Books，
2013.

中国与环境：绿色革命

中国的迅猛发展对于世界环境造成了巨大影响，因此，很多人把解决气候变化的筹码押在了中国身上。本书为读者讲述了一些不为人知的环境激进主义的故事，展示了中国国民的真实生活以及环境问题的严重程度，提供了中国应对环境问题的政治举措。本书指出，中国倡导绿色发展不仅仅是碳排放问题和能源政策问题，中国最基层的绿色倡导者正在从小处着手，帮助整个国家乃至世界实现绿色发展。本书具体阐述了以下内容：中国民间团体的回归，中国的环境记者，中国环保主义的诞生，阳宗海案例，争取环境正义，厦门 PX 项目事件，保卫虎跳峡。

Sam Geall，英国萨塞克斯大学科学政策研究所（Science Policy Research Unit，University of Sussex）研究员。

Hildebrandt，Timothy. *Social organizations and the authoritarian state in China*. Cambridge University Press，2013.

中国的社会组织和威权国家

　　虽然不少事实已经证明非政府组织等社会组织有能力改变一个国家的政治现状，但是在中国，非政府组织的成长壮大非但没有削弱中国政府的权力，反而成为政府的重要助力。本书探究了中国的非政府组织如何适应中央和地方政府不断变化的利益需求，努力为国家服务并解决社会问题。作者对比分析了不同领域的几个非政府组织，包括环保组织、预防艾滋病组织和同性恋人权组织，对威权国家下的"国家—社会关系"给出了一种新的思维方式。他认为中国的非政府组织和政府之间存在着相互依存的关系。一方面，政府需要非政府组织的协助进行治理；另一方面，非政府组织需要政府释放足够的政治、经济和私有领域的机会来维持生存。作者在书中指出，近年来中国政府已经逐渐放宽社会组织登记注册的门槛，科技、公益慈善、城乡社区服务等类别的社会组织可以直接申请登记，但政治法律、宗教等类别的社会组织以及境外非政府组织的在华代表机构并不在此列。

　　Timothy Hildebrandt，英国伦敦大学国王学院（King's College，London University）中国政治讲师。

Hu，Weixing. *New dynamics in cross-Taiwan Straits relations：how far can the rapprochement go*？Routledge，2013.

两岸关系新动态：友好关系能持续多久？

中国大陆与台湾地区的关系在最近几年有很大改善，但这种和睦的局面能够长久维持吗？本书是一部聚焦两岸关系发展的论文集，所收论文从各方面考察了两岸关系，包括签署的一些贸易协定看两岸的经济联系；毫无进展的两岸政治关系；日益增长的民间交往对两岸关系的影响；其他国家，特别是美国在两岸关系中的角色，等等。本书的结论是，就目前情况来看，两岸之间的循环对话（Circulatory Dialogue）模式还将持续下去，不会出现突破性进展。本书的具体内容围绕四个主题展开，即经济合作框架协议在两岸政治关系上是否有溢出效应，两岸政治僵局为何难以打破，两岸关系的社会维度，两岸关系走向何处。

Hu Weixing（Richard Hu，胡伟星），香港大学政治与公共行政学系教授。

Huang, Chien-Chung [et al.]. *China's nonprofit sector*: *progress and challenges*. Transaction Publishers, 2013.

中国的非盈利组织：进步与挑战

中国的非盈利组织（包括非政府组织、基金会和慈善团体）大体而言还是新生事物，因此这一"第三部门"尚未被西方学者广泛研究。本书的作者们从事中国非盈利组织研究多年，对于中国非盈利组织的运作了如指掌。本书回顾了自1995年以来中国非盈利组织的发展，探讨了有关非盈利组织的法律框架的转变，政府下属部门与私营组织部门的复杂关系，媒体的作用，微慈善（microphilanthropy）的兴起，以及公众对于慈善组织缺乏认识等问题。本书有助于读者全面了解中国各类型的非盈利组织，这些组织所面临的文化背景、政治、技术、监管和财务等方面的问题，非盈利组织对中国社会进步做出的重要贡献，以及未来的发展潜力和面临的挑战。

Huang Chien-Chung（黄建忠），美国罗格斯大学社会工作学院（School of Social Work, Rutgers University）副教授，华民研究中心（Huamin Research Center）主任，中国游学项目（China Study Abroad Program）负责人。

Deng Guosheng（邓国胜），清华大学公共管理学院创新与社会责任研究中心主任、教授。

Wang Zhenyao（王振耀），北京师范大学中国公益研究院院长。1997年至2008年先后任民政部救灾救济司副司长、司长。

Richard L. Edwards，美国罗格斯大学常务副校长、教授。2005年起任该校社会工作学院院长，是社会工作教育和实践领域的学者、教育家和管理者。

Li，Shi〔et al.〕. *Rising inequality in China*：*challenges to a harmonious society.* Cambridge University Press，2013.

加剧的不平等：中国和谐社会面临的挑战

本书是 2008 年出版的 *Inequality and public policy in China*（《中国的不平等与公共政策》）一书的续编，聚焦中国共产党提出构建"社会主义和谐社会"发展战略后，中国不平等问题的发展变化。作者考察了 2002 年至 2007 年间中国的收入分配情况和不同群体与行业中的贫困问题，分析了导致分配不均发展趋势的因素，深刻洞察了不平等问题对中国经济、政治和社会造成的潜在而深远的影响。如何评价用和谐社会发展战略解决社会公平公正问题的效果，本书从知识层面填补了这项评估的空白。借助于两次全国范围的中国家庭收入入户调查项目的原始数据，本书对中国家庭收入差距情况进行了详尽综述，并对造成这种差距的各项关键因素进行了分析。本书涵盖的具体议题包括教育的不平等，住房与房产分布的变化，流动性劳动力市场的转变，公共部门与非公部门的收入差距，性别与民族差异导致的分配不均，税收与社会福利改革等公共政策对不平等问题的影响。

Li Shi（李实），北京师范大学经济与工商管理学院教授，中国收入分配研究院执行院长。

Hiroshi Sato（佐藤宏），日本一桥大学（Hitotsubashi University）经济学教授，中国收入分配研究院学术委员。

Terry Sicular，加拿大西安大略大学（University of Western Ontario）教授，中国收入分配研究院学术委员。

Lin, Xiaodong. *Gender, modernity and male migrant workers in China: becoming a "modern" man.* Routledge, 2013.

性别、现代性与中国男性农民工：成为一个"现代"人

过去几十年间，中国的城乡人口流动改变了农民群体的生活，也成为自 20 世纪 70 年代末开始的经济改革所带来的最显著的现象之一。女性主义学者已经对农村女性在城市中的奋斗经历与成就有所研究，然而，有关农村男性进城务工体验的研究却是一个被忽视的领域。本书旨在用性别角度的研究来填补目前城乡移民研究文献中有关男性农民工研究的空白。书中分析了中国男性农民工的身份形成，考察了他们在城乡流动中的经历，以及他们作为一个游离于城市工人阶层之外的新兴群体的社会地位。作者试图通过中国现代化语境下的男性农民工叙事来阐释性别与阶层的问题，并深入剖析在快速现代化的、以进步和发展为主旋律的后毛泽东时代的中国，这些人对自身新生活的认识。此外，传统观点认为进城后的农村男性社会地位低是因其未能适应城市身份和生活方式所致，作者为此采访了 28 位男性农民工，通过他们的自述对这一观点提出了质疑。

Lin Xiaodong，英国约克大学（University of York）社会学系讲师。

Link，E. Perry［et al.］. *Restless China*. Rowman & Littlefield Publishers Inc.，2013.

躁动的中国

本书是一部跨学科研究著作，通过一系列基于热点话题的创新性案例研究，如真人相亲秀，反主流虚构语言，明星博客，信仰治疗师和一些颠覆性的玩笑等等，探讨了中国人正在如何努力应对一个飞速发展的、在社会和个人领域都充满了戏剧性的新世界。中国在成为世界第二大经济体的同时，也成为社会不平等现象最严重的国家之一；贪污腐败现象日益突出，政治制度比十年前更强硬的同时也更脆弱；大规模的农村劳动力持续不断地向城市迁移，在竞争异常激烈的市场经济的压力下，传统家庭模式被撕裂，自然环境也受到严重威胁。虽然中国民众对于中国成为全球大国普遍感到骄傲，而且不论贫富，人们对于从经济增长中获得的物质利益也感到满意，然而结构性的不公正和政治腐败也令人们感到愤怒。马克思主义意识形态和社会主义理想几乎完全倒塌，取而代之的是物质主义与武断的民族主义的混合思想。人们迫切需要一些新的精神和伦理支撑以替代崩塌的道德秩序，"在新时代作为一个中国人意味着什么"之类的思考潜藏在躁动的社会表象之下。

Eugene Perry Link（林培瑞），美国著名汉学家，普林斯顿大学（Princeton University）东亚研究荣誉教授，加州大学河滨分校（University of California-Riverside）校长特聘讲座教授。主要研究中国现代文学、社会史、大众文化、20世纪初中国的通俗小说、毛泽东时代以后的中国文学。

Richard P. Madsen（赵文词），美国加州大学圣迭戈分校（University of California-San Diego）社会学系荣誉教授。

Paul G. Pickowicz（毕克伟），美国加州大学圣迭戈分校历史系教授。

Ma，Damien；Adams，William. *In line behind a billion people*：*how scarcity will define China's ascent in the next decade*. FT Press，2013.

稀缺中国：资源稀缺如何制约中国未来十年的发展

正当全世界绝大部分的注意力都聚焦在中国的经济增长，本书的两位作者却提出了一个问题：如果中国保持经济增长所需的那些东西都用光了，会发生什么情况？从水、土地、能源、劳动力等资源性匮乏，到住房、医疗、教育等社会福利的不足，再到意识形态、价值观等精神和制度层面的缺失，作者逐一指出了目前中国最稀缺的东西。作者认为，无论经济增长能否持续下去，都不可能改变中国在 30 年间超快发展后所形成的社会和政治核心。事实上，中国经济应对商业周期的弹性比人们以为的要大许多。然而即便如此，作者预言，在今后的数十年中，至关重要且相互交织的"稀缺"挑战将不断涌现和加剧。自然资源和源源不绝的劳动力供应作为关键的经济投入，曾支撑了中国显著的经济成长，但如今正日益收紧。资源的匮乏将逼迫中国对其发展模式做出艰难的调整，无论中国对此是否有所准备。并且，中国所发生的事情不仅仅只局限在中国，这些匮乏性的挑战将会对全球供应、全球价格和全球政治产生深远的影响。本书对中国所遭遇的深刻挑战做了真实而冷静的描述。透过本书的分析，作者为我们了解中国的现实及其未来的潜在可能，提供了一个重要视角。

Damien Ma（马旸），美国保尔森中心（Paulson Institute）研究员。

William Adams（叶文斌），PNC 金融集团（PNC Financial Group）高级国际经济学家。

Man, Joyce Yanyun. *China's environmental policy and urban development.* Lincoln Institute of Land Policy, 2013.

中国的环境政策与城市发展

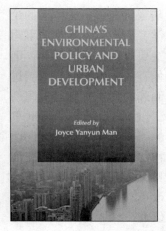

本书主要关注中国的环境政策与城市发展。过去 30 年，中国经济取得显著进步，然而经济发展也为自然环境带来了巨大损害。1998 年世界卫生组织报告指出，全世界十个污染最严重的城市中有七个在中国。燃煤产生的二氧化硫和烟尘导致的酸雨，使中国 30% 的土壤深受其害；工业锅炉几乎消耗了中国一半的煤炭，成为城市空气最大的污染源，而烧煤做饭和取暖则是另一个主要污染源。与此同时，自 20 世纪 70 年代经济改革以来，中国政府对于环境问题给予了高度重视，在地方政府层面强化了监督责任与执行力度。1979 年通过《环境保护法（试行）》，1982 年在宪法中增加了环境保护的条款。此后，针对中国目前与未来环境问题的各类法律法规和政策相继出台。2010 年上海世博会表明了中国政府对环境问题的重视。世博会设施的绿色环保建设方式，特别是中国馆的建设，反映出中国政府重视采用新技术来保护和改善环境。中国建设"生态城市"，推动城市可持续发展的努力也得到了世界的广泛认可。

本书内容基于 2010 年 5 月由北京大学—林肯研究院城市发展与土地政策研究中心主办的一场会议，会议讨论了一系列中国城市环境问题和环境政策。书中汇集了来自不同学科，包括经济学、公共政策、城市与环境等研究领域的国际学者，就当前中国的环境政策与规章制度、政府分权与环境保护、城市发展、工业空气污染与家庭温室气体排放、消费与排放、交通运输系统等课题发表的看法和意见。

Man Joyce Yanyun（满燕云），北京大学城市与环境学院教授，北京大学—林肯研究院城市发展与土地政策研究中心主任。美国经济学家协会、美国国家税收协会、美国公共政策分析及管理协会会员，曾在美国美国印第安纳大学公共及环境事务学院任教。

McConville，Mike；Pils，Eva. *Comparative perspectives on criminal justice in China*. Edward Elgar，2013.

中国刑事司法比较研究

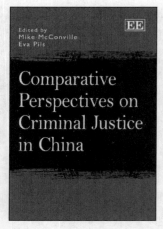

本书是一部研究中国大陆当代刑事司法体系的论文集，收录了中外知名法律学者的文章，涉及刑事司法相关的各种议题。本书的主要内容包括七部分：刑事司法比较研究，刑事犯罪侦查，刑事起诉与审判过程，刑事辩护，刑事司法体制外的惩罚机制，中国刑事司法的结论与观察，以及《中华人民共和国刑事诉讼法（2012 年修订版）》的原文和评论。具体议题包括，中国与西方国家刑事司法坐标及动态的实证比较，误判与刑讯逼供，中国杜绝刑讯逼供的艰难探索，实验心理学与刑事司法改革，中国公诉制度改革的若干议题，独立量刑程序研究，认罪答辩的中澳比较研究，律师在中国刑事辩护中的作用，中国的刑事诉讼与律师的道德困境，谁有权启动精神鉴定程序，新体制下药瘾者的治疗权利，中国的诽谤罪与表达的权利，中国反腐执法的两极化趋势，政治与刑事司法，等等。

Mike McConville（麦高伟），香港中文大学法律学院人权与公义研究中心教授，法律社会学学者，香港中文大学法律学院创院院长。

Eva Pils（艾华），香港中文大学法律学院副教授。

Müller，Gotelind. *Documentary*，*world history*，*and national power in the PRC*：*global rise in Chinese eyes*. Routledge，2013.

纪录片，世界史和国家实力：中国人眼中的世界与中国

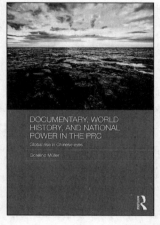

最近，纪录片成为中国官方媒体喜欢并且也被官方认可的用来表现某种历史观的媒介形式。与早期以自我为中心阐述中国历史的方式形成鲜明对比的是，现如今中国纪录片对外国历史的兴趣高涨，其目的不仅是为了说明中国在世界历史中曾经发挥的作用，也是为了阐释当今中国在全球舞台上的角色，并论证未来中国的崛起。本书考察了中国播放的三部系列电视纪录片，在官方认可的观点基础上，这三部影片分别讲述了现代西方的崛起、苏联解体的原因和中国政府的合法性。通过这三部纪录片，作者论述了历史如何被呈现在荧幕上，探讨了可视化的历史对于记忆文化的功用。此外，本书还揭示了在全球框架内呈现中外历史会如何影响官方传播关于"自我"和"他者"的观点，对中国怎样看待自身在全球的崛起，本书也提供了深刻的观点。

Gotelind Müller，德国海德堡大学（University of Heidelberg）中国研究教授。

Ogden，Chris. *Handbook of China's governance and domestic politics*. Routledge，2013.

中国政治与国家治理指南

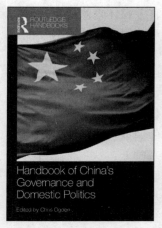

中国正经历经济与社会快速发展的转型期。中国共产党是全世界最大的政党，也是执政时间最长的共产主义政权。中国转型期的治理对中国政府、中国共产党、中国人民，乃至全世界都有重要意义和影响。本书关注中国的治理方式、政治体制的运作以及当前面临的问题。本书主体内容分为四部分，在第一部分组织原则中介绍了中国的国家概念与治理结构，以及军队的作用。第二部分阐述中国的国策，包括经济政策，司法体系，社会政策，教育与文化政策，国内治安管理，国防与外交政策。第三部分介绍中国的政治进程，包括政治代表，政治参与，中央与地方的关系和民族主义。第四部分探讨当前中国面临的问题，包括社会变革以及随之而来的不平等现象，社会不安定因素，腐败问题，环境恶化，资源短缺，分裂主义和个人主义等等。本书前言阐述了中国之于世界的重要性，结语分析了中国的转型对世界的影响。

Chris Ogden，英国圣安德鲁斯大学（University of St. Andrews）亚洲安全专业讲师，英国外交政策研究中心（Foreign Policy Centre）高级研究助理。

Osburg，John. *Anxious wealth*：*money and morality among China's new rich*. Stanford University Press，2013.

焦虑的财富：中国新富阶层的金钱与道德

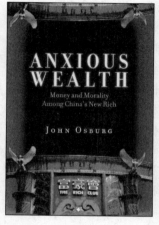

在本书中，作者对中国过去 30 年间出现的"新贵"阶层进行了人类学方面的研究，描述并分析了精英企业家之间、企业家与政府官员之间复杂的关系网。他们通过这些关系网建立同盟，来实现并保护自己的财富增长，维护自己的社会地位。作者将研究范围缩小到成都这一城市。在过去三年多的时间里，作者曾陪同中国商人们一起接待客户、合伙人和政府官员。他们宴请或被宴请，赴酒局、赌局，相互送礼，行贿和受贿。对于企业家们来说，这些都是不得不做的事情。在后毛泽东时代，腐败、不平等、物质主义盛行、诚信缺失，这些企业家们的内心在道德与金钱之间饱受煎熬。

John Osburg（庄思博），美国罗彻斯特大学（University of Rochester）人类学系副教授。

Potter，Pitman B.．*China's legal system*. Polity，2013.
中国的法律体系

中国的法制走到了转折点。在今天的中国，法律制度影响的不仅是中国国内的事务，还影响中国与世界的关系。中国能够出现一个既不削弱共产党的权力、又能保护中国公民和国际伙伴权利的法律制度吗？中国共产党愿意进行可能威胁其自身生存的法律改革吗？本书作者按照国际标准和中国实际情况，透彻地分析了中国法律的理想和实践。作者将中国法律制度置于大的历史背景下分析，认为中国的法律制度支持三项重要的政策目标：政治稳定、经济繁荣和社会发展。他探讨了这些目标和目标之间的关系，就政府期待法律制度在中国公民和国际社会、经济和政治关系方面所扮演的角色提出了一些问题。

Pitman B. Potter，加拿大英属哥伦比亚大学（University of British Columbia）法律教授，亚洲研究中心主任。

Schell，Orville；Delury，John. *Wealth and power*：*China's Long March to the twenty-first century*. Random House，2013.

富强：中国迈向 21 世纪的长征

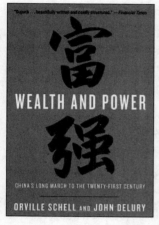

为什么中国经历了一百多年的屈辱历史，仍旧能够成为世界上发展最快的国家？本书审视了中国从 19 世纪的衰落到 21 世纪的繁荣所历经的痛苦发展过程，分析了促使中国再次崛起的思想文化根源。作者选取了 11 位中国历史上表现活跃、能够反映时代精神，并且影响了中国历史进程的人物，包括魏源、冯桂芬、慈禧、梁启超、孙中山等，通过展现他们在挽救国家于危难过程中的思想挣扎和寻找国家复兴之路的努力，为本书的核心问题找到了答案。从慈禧太后到邓小平，雪洗国耻、把屈辱当作通往富强之路的动力是中国统治者的一致立场，这种坚定的追求亦是了解当今中国行为的关键。中国在过去所遭受的屈辱是把整个国家凝结在一起的法宝，正是因为这个法宝，各个时期的中国人都没有放弃希望，坚持民族复兴的梦想，成就了中国今天的辉煌。

Orville Schell（夏伟），美国亚洲协会美中关系中心（Center on U. S. -China Relations at the Asia Society）主任。

John Delury（鲁乐汉），美国亚洲协会美中关系中心副主任，韩国延世大学（Yonsei University）东亚研究副教授。

Shambaugh, David L. *China goes global*: *the partial power*. Oxford University Press, 2013.

中国走向全球：不完全大国

虽然爆炸式的经济实力增长使得中国的影响力已经延伸到世界各地，但本书作者认为，中国目前还只是一个"不完全大国"，一个全球事务的参与者而已。

在本书中，作者首先对中国国内学术界有关中国国际身份的讨论进行了总结。作者指出，由于中国的精英群体主要由有着强烈排外主义特征和现实主义倾向的左翼构成，他们相信国家安全来自于全面自强，因此，中国对外政策的表态更注重被当作大国对待的道德权利，而不是中国能给世界带来什么样的好处。在详尽分析中国的对外政策以及与主要国家和地区的关系之后，作者将中国定义为一个"谨慎的外交角色"。在全球治理方面，作者认为中国是"温和的修正主义者"。作者指出，中国没有兴趣处理全球治理中的问题，除非这些问题影响到中国的利益。在经济领域，作者认为尽管中国的统计数据令人钦佩，但中国的出口还是以低端消费品为主，中国产品的国际认知度极低，品牌信誉不佳，中国企业并非尽责的全球商业参与者。在软实力方面，作者指出，尽管自 2008 年以来中国政府投入巨大努力和资源，试图提高自己的软实力并改善自身国际形象，但中国在国际上仍是毁誉参半。

本书用八个篇章多维度考察了中国在全球的表现，包括中国的全球影响力，中国的全球特性，中国在全球的外交表现，中国与全球治理，中国在全球的经济表现，中国在全球的文化表现，中国在全球的安全表现，复制一个全球化的中国等等，对中国崛起的实质提供了全景式观察和深度思考。

David L. Shambaugh（沈大伟），美国著名中国问题专家，乔治·华盛顿大学（George Washington University）教授，布鲁金斯学会（Brookings Institution）外交政策研究项目高级研究员，曾被提名为驻华大使候选人。

Song，Geng；Hird，Derek. *Men and masculinities in contemporary China.* Brill，2013.

当代中国男性与男子气概

本书开篇即指出，对于中国男性是否具有男子气概，中国人往往持矛盾的观点，一方面人们认为中国男性普遍缺乏"男人味儿"，另一方面又认为"大男子主义"依然广泛存在于现实社会中。随后，作者在引言部分对历史和当代中国男性研究进行了全面的文献综述。本书主体内容共六章，在前三章中，作者运用媒体话语分析的方法对电视、生活类杂志以及网络上呈现的男子气概进行了讨论，后三章则运用人类学定向分析方法研究了男子气概在工作、闲暇时间和家庭中的体现。作者自始至终着重强调言论与实践的关系，并据此将不同的分析方法有机地结合起来。最后，作者指出，随着中国的崛起，"中国式的男子气概"已经出现，与此同时，全球化的影响和中国城镇地区的文化多元性趋势也给非传统性别角色的产生提供了空间。

Song Geng（宋耕），香港大学中国研究与翻译学副教授，主要研究方向为中西文化比较、性别、中国古典小说戏曲等。

Derek Hird，英国威斯敏斯特大学（University of Westminster）中文讲师。

Stanley，Phiona. *A critical ethnography of "Westerners" teaching English in China*：*Shanghaied in Shanghai*. Routledge，2013.

在华英语外教的批判民族志研究：上海故事

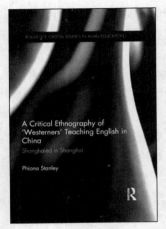

改革开放以来中国对外语教育高度重视，每年数以万计的外教在中国从事英语教学工作。这个庞大的外来群体在中国的生活和工作状况，他们对中国教育的影响以及他们与中国师生之间的跨文化沟通等问题，一直没有得到系统深入的研究。基于作者多年在华教授英语的亲身经历，以及作者与研究对象的访谈，本书从民族志角度研究了上海某高校外籍英语教师群体的生活经历，其研究超越了教室的局限，探讨了更广泛的有关社会学、政治学、跨国教育以及中国与外部世界不断变化的关系等问题。

全书共十二章。在第一章作者提出了两个问题：一是语言教育短期培训课程能够在多大程度上赋予外教在中国语境下教授英语所需的技能？二是中国语境下外教的身份是怎样建构和维持的？第二章和第三章为研究背景介绍，包括中国英语教育的文化、社会和政治背景。第四章是关于研究方法的说明。第五章至第九章是具体研究对象的生活和工作故事，探讨了这些外教的受聘经过，教学实践，工作压力，岗位培训和性别身份对工作感受的影响等问题。第十章和十一章分别回答了第一章提出的两个问题。第十二章对全书内容进行总结，对进一步研究提出思考。

Phiona Stanley，澳大利亚新南威尔士大学（University of New South Wales）教育学院艺术与社会学系讲师。曾作为成人英语教育教师培训项目（Certificate in English Language Teaching to Adults）讲师在包括中国在内的六个国家任教。

Stern，Rachel E.. *Environmental litigation in China*：*a study in political ambivalence*. Cambridge University Press，2013.

中国的环境诉讼：一项与政治相冲突的研究

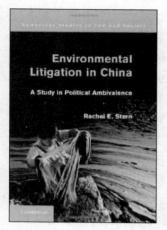

近年来学者们研究、分析中国新兴法律制度的兴趣日益增长，其原因很简单，改革开放 30 年来，中国对几个关键领域法律体系的重塑引人注目。中国颁布的主要法律大多与企业管理、合资企业和公司、金融部门、保险业、经济合同、劳动管理以及产权相关，这不可避免地对中国日益退化的环境保护标准产生重大影响。中国的经济增长付出了沉重的环境代价，水污染、空气污染和土壤退化严重威胁生态系统和人类健康。本书似乎提出了一个不可能的任务：为当代中国的环境污染寻求法律解决途径。1983 年，环境保护成为中国的一项基本国策，随后，一系列环保法律、行政制度、环境标准和治理措施组成了国家环境监管体系。本书聚焦中国正在探索中的环境治理现状和内在矛盾，侧重点并非中国环境管理的结果，而是形成环境诉讼关键环节的法律程序。本书更多的是一种实证分析，这种分析是基于对参与环境治理过程的多个利益攸关方的研究。作者采用了跨学科研究方法，参考了政治学、社会学、法学和人类学等社会科学领域的相关文献，通过 16 个月的实地调查，包括四个案例研究以及 160 余个访谈，最终完成此书。作者在本书中尽量避免使用专业术语，其通俗易懂的表达使得该书的受众更为广泛。

Rachel E. Stern，美国加州大学伯克利分校（University of California，Berkeley）法学与政治学助教。主要研究法律、权力、社会变迁与全球化之间的关系。

Svensson, Marina［et al.］. *Chinese investigative journalists' dreams: autonomy, agency, and voice.* Lexington Books, 2013.

中国调查记者之梦：自主权、代理人与发言权

调查记者是中国百万新闻从业大军中的一支小分队，他们的核心工作是揭露和记录社会不公现象与权力滥用行为，也担负着监督问责政府和追讨公平正义的职责。与中国其他媒体从业者不同，调查记者似乎并不符合党和国家对媒体的角色定位。不同的媒体文化，以及性别、年龄、社会背景和职业理想的差异塑造了不同类型的调查记者。本书汇集了十一篇国内外学者和调查记者的文章，对中国调查记者的梦想、工作实践和工作策略进行了广泛而深入的研究，系统论述了中国不同类型媒体调查记者的角色和价值，极大地拓展了我们对中国调查记者和调查新闻业的认识。作者们将新闻采访、人类学调查和内容分析相结合，探讨的主题包括：新闻学教育，调查记者的代际和子群关系，调查记者的性别角色，调查记者与新闻审查，以《南方周末》《大河报》和《南方都市报》为例研究调查性报道的区域化发展等等。

Marina Svensson（史雯），瑞典隆德大学（Lund University）东亚与东南亚研究中心副教授。

Elin Saether，挪威奥斯陆大学（University of Oslo）社会学与人类地理学系博士后。

Zhang Zhi'an（张志安），广州中山大学传播与设计学院副院长，新闻学系主任。

Wang，Chang；Madson，Nathan H. *Inside China's legal system.* Woodhead Publishing，2013.

中国法律体系透视

本书从历史和文化的角度分析中国的法律问题，作者不仅利用了大量难以获取的法律资料和历史文献，还通过与中国的法官、律师和法学教授的密切接触，获得了一手内部材料。作者在书中全方位地透视了中国的法律体系，内容涉及法律体系的运作，理论和历史基础，以及未来的发展方向等。

全书从历史观点、法律参与者和案例研究三个层面展开。历史观点部分从最初的两大法律思想流派——儒家和法家的竞争开始，依次回顾了封建社会时期、民国时期和新中国时期中国法律体系的发展历程，分析了中国传统思想和西方法律体系对当代中国法律结构的影响。由于中国的法律体系构成并不只有法律本身，法院、检察院和法官也是重要组成部分，律师和警察也发挥了重要作用，因此在法律参与者部分，作者关注了包括法官、检察官、律师和法律学者在内的中国法律体系参与者的角色定位。最后的案例研究部分，作者列举了一些涉及中国民法、刑法、行政法和国际法的案例。虽然中国并非遵循判例的英美法系国家，但案例研究仍然有助于读者更加全面地了解中国法律体系。

Wang Chang（王昶），中国政法大学比较法学研究院副教授，汤森路透集团首席研究和学术官。

Nathan H. Madson，供职于汤森路透集团的 FindLaw 网站。

Wasserstrom, Jeffrey N.. *China in the 21st century*: *what everyone needs to know*. [*2nd edition*]. Oxford University Press, 2013.

21世纪的中国：每个人都必须知道的 ［第二版］

作者认为美国人在认识中国方面有一个误区，即，中国是一元化的或同质的。在作者看来，这种认识偏离事实甚远。作者指出，除了那些有长远历史渊源的误解之外，美国对中国的误解还与一种趋势相关——将所有共产党统治的国家都想象成乔治·奥威尔在《1984》一书中描绘的那个虚构世界。为了"帮助有关中国的讨论走向正常化"，作者在本书中从民族、代沟、宗教信仰以及观察中国的视角等方面对中国内部的多元化进行了分析和描述。全书采用问答体的形式，设计了六大类百余个问题并逐一进行解答。六个大类分别是：孔子和儒家思想；古代中华帝国；中国的革命与革命者；从毛泽东时代到现在；美中两国之间的误解；关于未来。

本书是牛津出版社出版的广受欢迎的科普类丛书"人尽须知"（*What Everyone Needs to Know series*）系列之一。该丛书面向兴趣广泛但时间有限的各类人士，就某一专题以问答的形式提供既简洁又有一定深度的讲解。丛书的撰写者都是各领域的顶尖专家，从而确保了丛书内容的权威性。本书第一版于2010年出版，在此次修订增补的第二版中，作者补充了中国近几年的发展变化情况。

Jeffrey N. Wasserstrom（华志坚），美国加州大学欧文分校（University of California, Irvine）历史系教授，美国《亚洲研究学刊》（*Journal of Asian Studies*）主编，《洛杉矶图书评论》（*Los Angeles Review of Books*）亚洲栏目主编，亚洲学会（Asia Society）副研究员。主要从事当代中国的研究。

相关版本

Wasserstrom, Jeffrey N.. *China in the 21st century*: *what everyone needs to know*. Oxford University Press, 2010.

Wu，Wei. *Building service-oriented government：lessons，challenges and prospects.* World Scientific，2013.

建设服务型政府：经验、挑战与展望

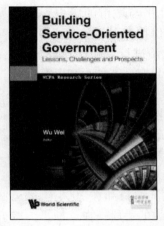

　　提供优质的公共服务是政府的基本职能之一，特别是在当今社会，人们日益增长的需求和期望使得各国政府都面临着种种前所未有的挑战。在中国，打造服务型政府、建设和谐社会不但是当前中国政府行政改革的核心，也是各级地方政府工作的中心，这个目标对于政府的管理理念和能力是一次严峻的考验。2011 年，在新加坡连氏基金的资助下，新加坡南洋理工大学南洋公共管理研究生院开发了"连氏中国城市服务型政府指数"，并以此为测评框架，对中国32 个主要城市的公众和企业进行了抽样调查。本书即是根据此次调查采集的数据，对中国城市公共服务满意度、政府效能、政府信息公开、公众参与和政府信任等几大指标进行了分析与实证研究。此外，书中还包括在 2012 年新加坡连氏公共管理国际会议上宣读的部分论文。这些论文作者来自中国大陆、香港以及美国、新加坡等不同国家和地区，内容涉及与建设服务型政府相关的各种重要议题，包括公共伦理价值、非政府组织的角色和社会责任、公共服务的绩效测评等等。

　　Wu Wei（吴伟），新加坡南洋理工大学南洋公共管理研究生院院长，文学院副院长，南洋理工大学中国事务处主任。研究领域包括领导艺术、管理沟通、组织与管理、公共关系。

Zhang，Yue. *The fragmented politics of urban preservation*：*Beijing*，*Chicago*，*and Paris.* University of Minnesota Press，2013.

城市保护的碎片化政治：北京、芝加哥和巴黎

尽管城市保护的历史几乎与城市的历史一样悠久，但在现代城市中，城市保护却引起越来越多的争议。本书作者对城市保护政治进行了跨国比较分析。基于广泛的档案研究以及在北京、芝加哥和巴黎进行的多达两百余次的深度访谈，作者发现，城市保护已经沦为各种政治和社会人物推行主张和推进行动的工具。从西方到东方，不同的政治环境和经济利益使城市保护变成了竞争的棋子。以三个世界大都市为例，作者逐一阐明了每个城市的城市保护政治的复杂性。在北京，城市保护是促进经济增长和在 2008 年奥运会前提升城市形象的不可或缺的手段；在芝加哥，城市保护被用来提升房产价值和振兴社区；在巴黎，城市保护则为中央和地方政府争夺城市空间控制权提供了渠道。尽管城市保护在三个城市被用于各种不同的政治目的，作者依然说明了不同类型的政治碎片化（Political Fragmentation）是如何以可预见的方式影响城市保护的实施并催生出城市保护的不同模式。本书以不寻常的角度，通过城市政治比较研究深刻洞察了政治体制与兴趣、愿景相互交缠的城市保护的复杂决策过程，从根本上塑造了城市的发展方向，城市的面貌和城市人的生活。

Zhang Yue（张玥），美国伊利诺伊大学芝加哥分校（University of Illinois，Chicago）政治学助理教授。研究领域包括比较城市政治与政策、城市治理、城市发展与土地使用、全球化、发展中国家城市化，文化政策。

经济·资源·发展

Bell，Stephen；Feng，Hui. *The rise of the People's Bank of China*：*the politics of institutional change.* Harvard University Press，2013.

中国人民银行的崛起：制度变革的政治学

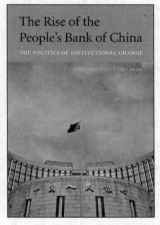

　　中国人民银行以 4.5 万亿美元的总资产冠居全球央行。本书探讨了中国人民银行是怎样成为一个越来越权威的机构的。有赖于与关键人物的访谈，作者第一次对人民银行及其货币政策在中国改革过程中的演变进行了全面而新颖的阐述。本书回溯了人民银行进入中国政府决策圈的过程并探究了其地位提升背后的政治和制度驱动力。20 世纪 90 年代早期，受惠于政治支持和人们对其独特专业能力的认知，人民银行在助力中国经济自由化、市场化的过程中找到了自己的位置。在随后的几十年，人民银行在政策审议和金融改革中扮演了重要角色，如抗击通胀、放松汇率管控、管理资金储备、银行业改革和人民币国际化。今天，中国人民银行的确面临控制通胀的重大挑战，不过，不论是在国内改革还是在融入全球经济政策的制定上，中国人民银行都已经拥有了良好的记录。

　　Stephen Bell，澳大利亚昆士兰大学（University of Queensland）政治经济学教授。

　　Feng Hui，澳大利亚昆士兰大学澳大利亚研究委员会政治学研究员。

Cáceres，Sigfrido Burgos；Ear，Sophal. *The hungry dragon：how China's resource quest is reshaping the world.* Routledge，2013.

饥饿的巨龙：中国对资源的追求如何重塑世界

本书是对中国能源安全战略的综合考察，从地缘政治学角度分析了中国的能源需求，阐释了中国的能源安全战略对美国国家安全的影响，帮助人们理解中国发展模式和中国从三大洲获取稳定资源供给的独特方式。全书共七个章节，前两章重点分析了中国与能源市场、中国与世界的关系，以及与中国资源需求相关的全球地缘政治。随后三章分别以安哥拉、巴西和柬埔寨为例展开深度研究。最后两章总结了中国的机遇和风险，以及如何将战略转化为实际行动。此外，本书还探讨了若干争议性话题，包括资本主义的类型，全球金融危机和传统大国相争局势下世界对再平衡的迫切需要，以及在全球治理、新自由主义和贫困陷阱的背景下，围绕自然资源开采引发的议题。

Sigfrido Burgos Cáceres，国际发展与外交事务顾问，就职于美国南阿拉巴马大学（University of South Alabama），曾在联合国粮农组织工作。

Sophal Ear，美国海军研究生院（US Naval Postgraduate School）国家安全事务专业助理教授。

Cheung, Tai Ming. *China's emergence as a defense technological power.* Routledge, 2013.

作为防务技术大国崛起的中国

在努力扩张国家安全利益的过程中，中国展示出日益增长的军事和战略影响力。与此同时，国家的经济和科技政策越来越趋向民主主义和以国家为中心。中国的国防经济发展目标是在 2020 年赶上西方国家并稳步推进创新能力的增长，尽管这一目标目前只是以某种增量形式维持发展，更高端的、能够带来重大突破的颠覆性创新似乎在目标的中期阶段还无法实现。本书广泛、详细地评估了中国国防经济现状，主要包括：中国反介入战略的历史与理论透视；从仿制到创新：中国国防经济建设的长征；技术决定战术：中国军事思想中技术与理论的关系；中国航空工业：C919 项目（大型客机研制项目）中的混合技术发展模式；中国航天工业的技术革新与组织变革；区域背景下的中国国防科工基地：亚洲装备制造业等。本书力图在更广阔的历史、技术和方法论的分析框架内定位中国的国防创新动力，通过上述六个主要分支领域评估、比较中国与亚太地区其他国家的国防工业。

Cheung Tai Ming（张太铭），美国加州大学全球冲突与合作研究所（University of California Institute on Global Conflict and Cooperation）主任。他负责主持一项关于中国防务安全与技术的研究和培训项目，旨在分析中国的技术发展潜力，该项目得到美国国防部资助。

Das，Udaibir S.［et al.］. *China's road to greater financial stability*：*some policy perspectives*. International Monetary Fund，2013.

中国金融稳定之路：观点透视

中国经济的发展已达到一个有必要对金融领域进行变革的阶段。随着变革的推进，国家宏观调控对金融市场的影响进一步加深，维持金融稳定成为主要的决策目标。中国目前正努力提升其经济监管水平，积极制定多方面改革路线，为中国经济的强劲、可持续发展拓宽道路。本书聚焦中国面临的关键金融政策问题，汇集中国经济领域高级官员、经济学权威及国际货币基金组织知名经济分析师的基本观点，对中国国内的金融政策环境加以分析，强调了宏观经济因素对金融稳定性的重大影响，金融监管对维护金融市场健康运行的重要作用。此外，本书还探讨了中国金融体系框架的稳定性、系统内部联接关系、流动性管理、风险性与脆弱性分析，以及后续金融改革路线等诸多内容。

Udaibir S. Das，国际货币基金组织（International Monetary Fund）研究员，中国金融评估规划项目组成员。

Jonathan Fiechter，同上。

Sun Tao（孙涛），同上。

Feldman，Steven P. . *Trouble in the middle*：*American-Chinese business re-lations，culture，conflict，and ethics.* Routledge，2013.

关系：美中商贸往来中的文化、冲突与伦理

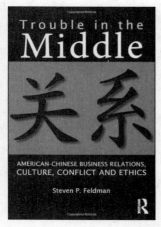

　　本书是关于中美贸易关系中的伦理与文化问题的研究成果。基于作者对中美两国企业管理者的访谈和对在华运营的中美两国企业的走访，本书将研究重点定位在外国企业在中国开展业务所面临的挑战。作者考察和阐释了中美两国之间商业文化差异和相互之间的误解，以及由此引发的冲突。作者提出了一个"文化中间带"（Cultural Middle）的理念，希望借此来帮助企业管理人员在文化差异的背景下进行业务谈判。本书还探讨了"中间人"在企业开展业务过程中的作用，特别是在行贿方面。本书的几个章节都涉及中国市场的腐败问题，包括企业与政府之间以及企业与企业之间的腐败联系。此外，本书内容还包括对中国文化史和中美关系史的考察，阐释了中国经济的类型和社会体系的形成，政府在商业活动中的角色，知识产权面临的挑战，上海的商业环境等议题。

　　Steven P. Feldman，美国凯斯西储大学（Case Western Reserve University）商业伦理学教授，曾作为富布赖特杰出学者任教于上海外国语大学。

Gomel, Giorgio [et al.]. *The Chinese economy: recent trends and policy issues.* Springer, 2013.

中国经济：近期趋势与政策议题

本书就中国经济崛起对全球影响的最具争议性的一些议题给出了独特的观点，并就如何改进衡量绩效的统计工具和获取更精确的宏观经济预测结果给出了建议。本书对人口因素和居民储蓄的分析为深化中国经济改革提供了进一步支撑，特别是养老金和医疗保险体系对更有效、更公正地利用居民储蓄提出了要求。此外，本书还认为，如果公司的治理模式没有充分地鼓励市场竞争，则中国生产系统可能产生巨额成本支出。本书各章内容包括，全球产出预测：日益突出的亚洲新兴经济体的重要性；中国宏观经济发展：统计面临的挑战；技术效率与技术治理：以中国为例，人口统计与中国养老保障制度的可持续性；中国城市和农村家庭储蓄：决定因素与政策影响；中国城市家庭的储蓄率；从欧盟出口到经合组织市场的"中国效应"：聚焦意大利；中国出口、进口与中间产品的复杂性；中国环保产品贸易和技术；中国私人消费趋势：中国高收入阶层的兴起及其全球相关性。

Giorgio Gomel，意大利银行（Bank of Italy）国际经济分析和关系部负责人。

Daniela Marconi，意大利银行新兴市场与世界贸易部高级经济学家。

Ignazio Musu，意大利威尼斯大学（Università Ca' Foscari Venezia）经济学教授、经济系主任。

Beniamino Quintieri，意大利罗马第二大学（Università degli Studi di ROMA "Tor Vergata"）经济学教授、经济系主任。

Horesh，Niv. *Chinese money in global context*：*historic junctures between 600 BCE and 2012*. Stanford University Press，2013.

全球语境下的中国货币：公元前 600 年到 2012 年间的历史关键时刻

本书试图在广阔的全球背景下重新梳理中国货币史上的重要时刻，记录中国货币体系的发展和演化。作者充分利用三千多年来的一手资料，探究了从货币制度诞生到当今全球金融危机这一漫长历史时段中国货币的发展轨迹。全书分两部分，第一部分（第一章至第三章）对有关中国古代货币的研究进行了批判性综述，回溯了货币的起源和地区差异，包括金属与合金的使用、货币设计、货币发行者和伪币铸造者的身份，以及社会货币化的总体水平等。第二部分（第四章至第七章）重点关注近现代，特别是 19 世纪中期以来中国货币发展史上的关键节点，也阐明了人民币国际化的可能性。本书的意义在于作者敢于挑战现有的权威观点，质疑并澄清了很多假设，作者通过政治经济学和经济史的视角对货币问题深度分析，极大丰富了读者对中国和世界货币史的认知。

Niv Horesh，英国诺丁汉大学（University of Nottingham）中国政策研究所主任，当代中国史教授。

Keane，Michael. *Creative industries in China*：*art*，*design and media*. Polity Press，2013.

中国的创意产业

在中国，很多人都想成为媒体人、艺术家或者设计师，主要有以下原因：中央政府和地方政府为文化商品和服务所增加的消费提供财政奖励。来自欧洲、北美和亚洲的创意工作者正搬往中国城市，文化产业正在成为中国的支柱产业。但是文化工业化会追随中国制造业经济低成本的模式吗？中国政府是否真的致力于文化艺术自由？本书对中国新兴的商业文化部门进行了全新的阐释，说明了中国艺术、设计和传媒行业如何在政策、市场活动和基层参与中发展起来。

Michael Keane，澳大利亚昆士兰科技大学（Queensland University of Technology）创意产业系教授。

Kennedy, David; Stiglitz, Joseph E.. *Law and economics with Chinese characteristics: institutions for promoting development in the twenty-first century*. Oxford University Press, 2013.

有中国特色的法律和经济：21 世纪促发展体制

近年来，法律与经济发展之间的关系越来越受到人们关注，经济发展离不开好的法治和财产权制度的观点已经毋庸置疑。但是，哪种类型的法治能够满足经济发展的需要？好的财产权制度又是如何构成的呢？对于自 1979 年起就在努力发展有中国特色市场经济，目前正处于经济高增长和转型关键时期的中国来说，解答这个问题尤其重要。

本书主要关注两个问题，一是如何在有中国特色的市场经济环境中定义或调整财产权等法律权利，二是如何理解和看待中国与宪法设计，特别是中央集权和地方分权等重要问题相关的经验。书中汇集了来自中国及世界各国的法律学者、经济学家和决策者们的文章，针对目前关于何种法律安排才更适合中国特色市场经济的各种争论，作者们对中国经济发展中的法律作用和地位展开了深入探讨。这些文章涵盖了与中国崛起相关的广泛话题，包括财产权、社会权利、企业权利、制度体系、知识产权和公平正义等。作者们试图通过对中国经济和政治战略中监管与制度框架的透彻分析，来帮助发展中国家和发达国家的决策者建立或重组监管及制度框架，实现国家的公平公正和可持续发展。

David Kennedy，美国哈佛大学法学院（Harvard Law School）教授，法学院全球法律与政策研究所所长。

Joseph E. Stiglitz，美国经济学家，哥伦比亚大学（Columbia University）教授，2001 年获得诺贝尔经济学奖，2007 年获得诺贝尔和平奖。曾任美国总统经济顾问委员会成员及主席，世界银行资深副行长兼首席经济学家，国际经济学协会主席。

King, Kenneth. *China's aid and soft power in Africa: the case of education and training*. James Currey, 2013.

中国在非洲的援助与软实力：以教育培训为例

60 余年来，中国一直基于南南合作的互惠理念在非洲开展援助活动。21 世纪之前国际社会对中非关系关注不多，但自 2000 年中非合作论坛召开以来，国外有关中非关系的研究成果猛增，2008 年欧盟和美国几乎同时提出与中国在处理非洲事务方面加强合作，这一表态使得国际学界关于中非关系的研究呈现出日渐深入和多元化的趋势。

不同于通常的将中非关系置于经济关系的框架里进行分析，本书作者基于自身对国际教育交流领域的长期关注，从教育培训的角度考察了中国对非洲的援助以及中国从中展现出的软实力。作者认为，中国的援助与西方国家的单边救济不同，中国始终把自己看成非洲的伙伴，特别在教育方面，"伙伴关系"更是中非合作和交流的基础。中国在 2013 年至 2015 年期间为 30000 名非洲人提供赴华短期培训的机会，这是世界上最大的短期培训项目。与此同时，中国还资助 18000 名非洲学生到中国高校学习。中国还向非洲派遣教师、农业技术人员和医疗专家。从开普敦到开罗，孔子学院遍布非洲顶尖高校。本书搜集了来自埃及、喀麦隆、埃塞俄比亚、南非和肯尼亚的实例，展现了教育援助与合作对消除非洲人民对中国的误解，加深相互了解的作用，透视了中国在非洲软实力的增长及其对中国、非洲和世界的影响。

Kenneth King，英国爱丁堡大学（University of Edinburgh）荣休教授，曾担任该校非洲研究中心主任 20 年。

Nielsen, Chris P.; Ho, Mun S.. *Clearer skies over China: reconciling air quality, climate, and economic goals*. The MIT Press, 2013.

让中国的天更蓝：协调空气质量、气候与经济目标的关系

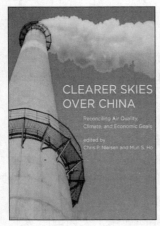

中国以化石为原料的巨大经济规模和经济增速使得中国的经济和环境政策选择将极大地影响全球环境的未来。当前中国的碳排放总量已经远远超过其他国家，中国的空气质量严重恶化，特别是城市地区。在过去的十年，中国推行节能减排政策的努力被中国日益增长的能源需求抵消了。因为中国还有十亿人口生活在年均收入四千美元以下，所以中国的能源和环境政策必须与维持经济增长目标和提高人民生活水平相协调。本书是由来自哈佛大学和清华大学的中美两国专家合作研究的结果，为中国经济、污染排放、空气质量、公共健康和农业发展提供了一个具有开创性的综合分析文本。本书首先给出了必要的科学背景和简明的结论摘要，之后进行了详尽的科学和经济研究论证。这些研究表明，中国近年来以出乎意料的低成本取得了二氧化硫减排成果，实现了较高的环境和健康效益，但中国防控大气污染的总体效果还是不尽如人意。研究者们认为，其中的主要原因一是中国对大气这一复杂的物理和化学系统的认知和研究不足；二是中国习惯于依赖中央规划，用自上而下的策略与零敲碎打的方式来控制污染，难免出现"按下葫芦浮起瓢"的状况。为此，作者建议，中国应该通过征收碳税来降低污染。尽管碳税不能取代综合的空气质量政策，但这种方式可以让中国在不付出太大的经济增长代价的情况下控制空气污染，还可以将零散的环境政策全部整合到一种相对直接的、明确的、可计量的政策中。

Chris P. Nielsen，美国哈佛大学工程与应用科学学院（Harvard School of Engineering and Applied Sciences）哈佛中国项目（Harvard China Project）的执行总监。

Mun S. Ho，美国哈佛大学定量社会科学研究所（Institute for Quantitative Social Science, Harvard University）访问学者。

Sanderson，Henry；Forsythe，Michael. *China's superbank*：*debt*，*oil*，*and influence*：*how China Development Bank is rewriting the rules of finance*. Wiley，2013.

中国的超级银行：债务、石油与影响力——国家开发银行如何改写金融规则

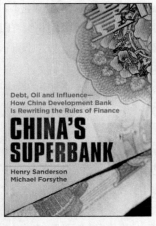

国家开发银行（以下简称"国开行"）成立于1994年，是中国三大政策性银行之一，主要为中国基础设施建设、基础产业和支柱产业发展进行中长期融资。中国许多重大建设项目的背后都活跃着国开行的身影。国开行是完全的国有银行，它是国家主导型经济发展模式内在运作的关键，也是中国国家资本主义的关键。本书围绕着"国开行如何改写银行的游戏规则"这一主题，从地方政府融资平台创新、国开行的战略调整、国开行在非洲和拉丁美洲的融资业务、国开行对新能源和电信企业的支持等几个方面进行了阐述，揭示了国开行在中国经济中的核心地位，以及它如何帮助中国一流企业"走出去"，帮助中国在重要的战略性的海外市场中扩展国家影响力。与此同时，本书也揭示了国开行面临的风险和隐患，特别是地方政府投资和不良贷款引发的坏账风险。

Henry Sanderson，彭博新闻社记者。曾任美联社驻京记者，并曾在道琼斯公司纽约总部工作。

Michael Forsythe，彭博新闻社记者、编辑。曾在美国第七舰队服役。

Shepherd, Robert J.. *Faith in heritage*: *displacement*, *development*, *and religious tourism in contemporary China.* Left Coast Press, 2013.

对遗产的信仰：当代中国的位移、发展与宗教旅游

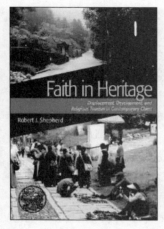

五台山是中国的佛教胜地，2009 年被列入世界遗产名录。对于一个除了中国人以外的大部分人几乎闻所未闻的景点，到访者几乎都是朝圣的佛教徒，世界遗产的称号对五台山意味着什么？对于一个内在价值不在于其历史建筑或文化意义，而在于其基于佛教信仰塑造出来的神圣感，五台山的遗产保护又意味着什么？作者以五台山为例，在非西方框架下探讨了西方历史文化遗产管理理念在中国的应用，并透过更多层面的分析，为遗产管理专业人员提供了新的研究视角。

Robert J. Shepherd，美国乔治·华盛顿大学（George Washington University）人类学与国际事务专业助教，曾加入美国和平队（United States Peace Corps）赴尼泊尔农村工作，在中国和印尼从事联合国发展项目，并在中国台湾任教。

Simons, Craig. *The devouring dragon*: *how China's rise threatens our natural world*. St. Martin's, 2013.

贪食龙：中国的崛起如何威胁自然世界

中国的崛起对大自然的影响是惊人的。中国已经成为地球上最大的濒危动物消费市场、热带木材进口商和温室气体排放国。中国的经济增长加快了全球的代谢速度：巴西农民把亚马逊大面积热带雨林树木砍伐掉改种大豆，印度偷猎者捕猎老虎和大象来满足中国人的需求，充满汞和臭氧的云团随着跨太平洋的高速气流从中国飘向美国。本书讨论了中国对资源的巨大需求以及中国的污染性排放对世界资源和环境造成的影响。作者认为，中国未来最重要的遗产不是创造就业岗位，提升企业利润或者建立政治联盟，而是能否遏制由于自身经济飞速发展而引发的全球环境恶化。与此同时，作者也客观地指出，全球人为排放的温室气体中，几乎有一半来自美国和中国，因此全球环境不仅是中国的问题。只有中美两国下决心设置排放上限，才能有效控制全世界碳排放。相比之下，因为中国相对贫穷，且仍在大举建设基础设施，因此，中国下这样的决心更具挑战性。

Craig Simons，美国智库威尔逊中心（Wilson Center）中国环境论坛项目的公共政策学者。1996 年曾以美国和平队（Peace Corps）志愿者身份来华。曾任《新闻周刊》（*Newsweek*）中国专栏记者和考克斯报系（Cox Newspapers）驻亚洲局负责人。

Wu，Zhiyan［et al.］. *From Chinese brand culture to global brands：insights from aesthetics，fashion，and history.* Palgrave Macmillan，2013.

从中国品牌文化到全球品牌：美学、时尚和历史透视

中国经济实力的增长是一个不争的事实，但是为什么中国品牌依然不能在国内成功转化成国际的认可？本书以 2008 年奥运会开幕式和中国审美发源地、汇集全球时尚品牌的上海滩为例，深入考察了中国的品牌文化，探究了中国品牌的全球化发展，展示了一些成功的中国品牌是如何依托中国历史和文化来达到吸引全球消费者的目的，最后说明了只有更多的自觉运用中国美学的品牌战略才能使中国品牌文化在全球获得成功的观点，也论证了中国品牌发展战略具有补充现行品牌全球化发展模式的能力。本书分四部分：全球品牌、时尚体系与历史文化；周杰伦：中国审美与时代趋势；2008 年奥运会开幕式：一次面向世界的中国品牌推广；上海滩：具有全球野心的中国奢侈品牌。

Wu Zhiyan（吴志艳），上海对外经贸大学工商管理学院讲师。

Janet Borgerson，在美国罗切斯特理工学院桑德斯商学院（Saunders College of Business，Rochester Institute of Technology）任教。

Jonathan Schroeder，美国罗切斯特理工学院教授。

Yokokawa, Nobuharu［et al.］. *Industrialization of China and India: their impacts on the world economy*. Routledge, 2013.

中国和印度的工业化：对世界经济的影响

本书为研究亚洲近期发展提供了超越主流观点的新视角，将亚洲近年来的经济扩张置于一个更宏大的研究框架下，既涉及关于资本积累的分析，也涵盖经济扩张给经济体内部和经济体之间带来的各种变化。本书收录的论文包括中国和印度发展模式分析，评估中印经济增长、发展潜力、制约因素以及可能陷入的困境，国际金融在影响国内与国际经济增长和就业模式方面发挥的作用，决定特定经济积累的策略及其成效的因素。作者们通过对中国和印度两个经济体的发展从更宏观的角度加以评估，从而分析两国发展对世界经济的影响。同时，书中也指出了亚洲地区经济发展中出现的具体问题，这些问题并非只是亚洲三大经济体之间的关系问题，还牵涉到更广大的地缘政治和政治经济问题。因此，这是一部从更宏观的角度研究全球资本体系长期发展的著作。作者认为，在全球资本体系内，亚洲地区的经济体在未来无疑将发挥更重要作用。

Nobuharu Yokokawa，日本武藏大学经济学教授，日本政治经济学协会国际交流委员会（JSPE Committee for International Communication and Exchange）主席。

Jayati Ghosh，印度尼赫鲁大学（Jawaharlal Nehru University）社会科学学院经济研究与规划中心经济学教授。

Robert Rowthorn，英国剑桥大学国王学院（King's College, Cambridge）经济学荣休教授。

Yueh, Linda. *China's growth*：*the making of an economic superpower*. Oxford University Press，2013.

中国的增长：成为一个超级经济大国

过去30年的宏观经济增长，使得中国在某种意义上成为了"经济强权"，但是未来30年，中国能跨越中等收入陷阱，步入发达国家行列吗？回答这个问题需要分析中国经济增长的驱动力，并依此来规划和制定有关蓝图和政策。要解释中国经济增长的动力就必须考虑到中国所受到的计划经济转型的影响，以及作为一个发展中国家所面临的挑战。本书全面考察了促进经济增长的主要议题，用微观证据阐明经济发展的宏观动力，聚焦法律和非正式经济组织，强调私营企业和企业家精神的重要性，表明经济结构与标准增长因素同样重要。本书还考察了中国作为一个巨大的开放的经济体对全球贸易方式的影响，研究了资本积累、人力资源、教育和技术对经济增长的作用。作者预计，在2020年之前，中国经济还将处于结构改革的过程中；2020年至2030年之间，中国经济增长的主要驱动因素是生产率的提高和技术创新；之后，稳定而强有力的制度基础将成为经济增长最重要的推动力。

Linda Yueh，英国牛津大学中国增长中心（China Growth Centre，University of Oxford）主任，牛津大学圣埃德蒙学院（St. Edmund Hall）经济学研究员，伦敦商学院（London Business School）经济学兼职教授，北京大学经济学客座教授。曾任世界银行、亚洲开发银行、欧盟、英国商会等机构顾问。

历史·思想·文化

Berg, Daria. *Women and the literary world in early modern China*, 1580-1700. Routledge, Taylor & Francis Group, 2013.

中国近代早期的妇女与文学

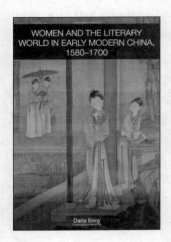

本书研究了中国近代早期具有代表性的女性作家，在她们各自所处的社会政治和文化、艺术环境中的文学发展，以及女性观念的变化。本书用异常丰富的细节和引人入胜的文学作品展现了这些女性作家的生活和梦想。再现了个别妇女的特殊经历，追溯并考察了从晚明到清初时期妇女角色的转变、妇女在文化精英阶层和平民阶层的地位及其变化。

Daria Berg，瑞士圣加仑大学（University of St. Gallen）人文和社会科学学院中国文化与社会讲席教授。

Bray，Francesca. *Technology，gender and history in imperial China：great transformations reconsidered.* Routledge，2013.

中华帝国的技术、性别与历史变迁的再思考

本书是中国科技史研究力作之一，研究内容跨越了中国史、性别史、技术史和农业史等领域，探讨了技术与伦理，技术与性别主体（包括男人和女人）以及技术与治国能力的关系。本书分三部分八个篇章。第一部分讲述道德秩序的物质基础，研究了中华帝国晚期的民居建筑与社会秩序建设工程，中华帝国晚期的自然资源、人与国家。第二部分讲述女性技术（Gynotechnics）*：打造妇女的美德，研究主题包括妇女的家庭空间和工作场所：纺织与性别；情感结构：礼仪、欲望与一个人的居所；晚清帝国医学档案中的生育故事。第三部分男性技术（Androtechnics）：毛笔，北斗星象与技术知识的本质，主要探讨了农耕知识和《耕织图》《王祯农书》等农学著作。

* 女性技术（Gynotechnics）是作者在《技术与性别：晚期帝制中国的权力经纬》（*Technology and gender：fabrics of power in late imperial China*，1997）一书中提出的概念，指生产和赋予妇女生活以形态和意义的一套技术体系，具体包括三个重要方面：住宅建筑技术、纺织技术和生育技术。与之相对应的是男性技术（Androtechnics）。

Francesca Bray（白馥兰），著名中国科技史专家，英国爱丁堡大学（University of Edinburgh）社会人类学教授。

Brook，Timothy. Mr. *Selden's map of China*：*decoding the secrets of a vanished cartographer*. Bloomsbury Press，2013.

塞尔登的中国地图：破译一个消失的制图者的秘密

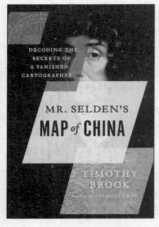

2009 年，人们在牛津大学博德利图书馆发现了一张特别的中国地图。这幅地图被人们遗忘在图书馆浩瀚的文献中几个世纪，无论是研究中国历史的专家，还是制图专家，都未曾见过类似的地图，以致于专家们宣称这幅地图是伪造之物，尽管有明确记录显示这幅地图确实是英国下院议员塞尔登（John Selden，1584—1654）的收藏，并于 1659 年被辗转送到牛津的。这幅被称为"塞尔登地图"的珍贵文物由此成为待解之谜。作者以这幅地图为引子，通过大胆的猜想与详尽的考证，从历史、地理、文字、法律和科学技术的角度，描述了 400 年前东亚地区海上贸易的盛况及其对后世的深远影响和未解之谜。其中最值得说明的重大发现是，全图是依据罗盘针位路线与航行距离画出的，并非是抄袭自当时西方制作的地图。本书为不熟悉早期中西海上交流历史的读者提供了许多有趣的历史背景，也使该地图的收藏者，提出封闭海洋论、主张国家拥有领海权的英国著名法学家塞尔登重回公众视野。

Timothy Brook（卜正民），加拿大汉学家，明史专家。历任加拿大多伦多大学、美国斯坦福大学教授和英国牛津大学邵氏汉学教授，现为加拿大英属哥伦比亚大学（University of British Columbia）圣约翰学院院长、历史系教授。

Chow, Yiu Fai; Kloet, Jeroende. *Sonic multiplicities*: *Hong Kong pop and the global circulation of sound and image.* Intellect, 2013.

多重奏：香港流行音乐与全球影音传播

本书关乎时间也关乎空间，研究过去 40 年香港的历史：从 20 世纪 70 年代本土身份出现，80—90 年代中英谈判至主权最终移交带来种种震荡，一直到千禧年后香港新领导层与北京及大中华地区的调整磨合。各章节以流行音乐为脉络，尝试书写关于香港记忆、身份、语言和政治的纪录。具体来说，本书从香港流行音乐发轫之初写起，这座城市开始搭建自己的流行音乐表演场地，本地音乐人也开始以母语（广东话）进行创作，他们不但开创了本地流行音乐传统，也构建了本土身份。其后 20 年，香港流行乐坛持续输出影响全球的本土巨星，开始了四大天王、两大天后的时代。与此同时，香港政权风云变幻，1997 年政权交接带来的变动迫在眉睫，香港人难以继续一贯的政治冷感。在这个重新中国化的进程中，作者将香港本土的反应写入流行音乐中。事实上，香港很快就意识到它和中国大陆的融合不只是政治的，更是经济和文化的。大陆市场日益重要，普通话成为主导，大陆和香港的听众对台湾流行音乐和歌星越来越趋之若鹜，香港本土流行音乐面临前所未有的挑战。今时今日，不管是香港，还是香港的流行音乐，都不可能再依仗曾经的中心地位及其输出优势，而必须在错综复杂的关系与流动中，重新找寻自己的位置。

Chow Yiu Fai（周耀辉），香港著名词作家，香港浸会大学助教。
Jeroen de Kloet（高伟云），荷兰阿姆斯特丹大学（University of Amsterdam）媒体研究系教授。

Cochran, Sherman; Hsieh, Andrew. *The Lius of Shanghai*. Harvard University Press, 2013.

上海刘家

从抗日战争到新中国成立，宏大历史叙事淹没了众多个人故事。近代中国最显赫的家族之一——上海刘氏家族成员之间的书信揭开了这段动荡岁月的尘封记忆。刘鸿生（1888—1956），中国近代著名爱国实业家，曾被誉为中国的煤炭大王、火柴大王、毛纺大王、水泥大王。本书主要针对刘鸿生夫妇及其九儿三女在民国时期的大量私人通信进行研究和分析，从而勾画出刘氏家族在战争的阴云下建立起商业王朝的历程，以及他们如何应对变幻莫测的政治风云和社会动荡。与此同时，作者也通过这个有权有势的富商家庭的成败悲欢揭示了当时时代大潮的力量。全书分四个部分。第一、二部分关注 20 世纪二三十年代刘家的发家过程和子女的教育情况。第三部分描写抗战时期家人分离，被迫逃离上海，或进入国统区大后方，或到达延安根据地，在乱世中谋生存。第四部分描述新中国成立以后刘家的状况。刘家人在往来书信中不仅探讨时政和社会敏感问题，如家族企业是否要和日本占领者合作？在中国共产党执政后全家人是否要撤离？也商讨诸如婚姻不忠、家族企业控制权纷争、父母的权威和尊严、骨肉分离的苦痛和血浓于水的亲情等家庭内部的私密话题。本书不仅是一部家族的回忆录，更是由点及面、由内及外展现了近代中国的风云历史。

Sherman Cochran（高家龙），美国康奈尔大学（Cornell University）历史学退休教授，主要研究中国近代经济和商业。

Andrew Hsieh（谢正光），美国格林纳尔学院（Grinnell College）历史学退休教授，明清文史研究名家。

Du，Yongtao；Kyong-McClain，Jeff. *Chinese history in geographical perspective.* Lexington Books，2013.

中国历史的地理学透视

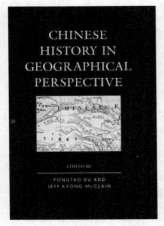

今天，当人们提到"中国"一词，通常都会联想到与这个名词相对应的一个地区范围，从这个意义上来讲，"中国"首先是一个地理实体。2011 年 2 月，美国阿肯色大学小石城分校召开了一次主题为"中国历史的地理学透视"的国际学术研讨会，会议主办者希望借此次会议促进地理学在传统汉学界的影响，本书即是此次会议的成果。书中除了引言和结语部分外，汇集了十篇与会学者的论文，这些论文观点新颖，空间和时间跨度广，不仅有关于中国历代地图绘制与历史思想研究，也有关于地域性文化和地方地理环境对历代人物思想以及地域间相互交往的历史作用的研究，还包括借助诸如哈佛大学与复旦大学合作研发的"中国历史地理信息系统（CHGIS）"软件、谷歌地球以及谷歌地图的卫星图片等现代网络技术工具从地理角度对中国历史进行的研究。作者们普遍认为，在过去的 500 年间，中国地理经历的长期、深刻的变化并不亚于中国社会、政治或经济的变化。东西方的历史学家，尤其是汉学家，都不应该忽视地理与生态环境对历史的影响作用的研究。

Du Yongtao（杜勇涛），美国俄克拉荷马州立大学（Oklahoma State University）历史系助教。

Jeff Kyong-McClain，美国阿肯色大学小石城分校（University of Arkansas, Little Rock）历史系助教。

Dudbridge, Glen. *A portrait of five dynasties China：from the Memoirs of Wang Renyu（880-956）*. Oxford University Press，2013.

中国五代图景：源自王仁裕（880—956）的作品

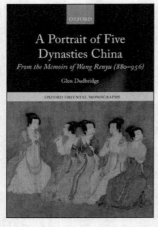

王仁裕是五代时期一位重要的政治家和文学家。他先后仕任前蜀、后唐、后晋、后汉、后周，可谓五朝元老。文学方面不仅以诗名世，而且为唐五代笔记小说的发展作出了重要贡献，在其代表作《开元天宝遗事》《玉堂闲话》《王氏见闻录》等珍贵的笔记小说中记录了许多唐五代时期的政治事件、民俗风物、轶闻传说、人物特写、文人交游以及秦陇、巴蜀地区自然风貌的资料，有很高的文学、史学和民俗学价值。本书关注了中国五代这一相对较少人关注的时代，通过对王仁裕作品的翻译、解读，重现了战乱年代以及在复杂的社会、政治和军事环境下生活的底层百姓。作者还将王仁裕的一生置于历史大背景下考察其作品的价值，指出其作品的焦点和特色在于是个体经历而非宏大历史叙事。本书附录包括王仁裕墓碑铭文，现存王仁裕作品目录，宋代文献中王仁裕作品辑佚资料，以及王仁裕定义的承自唐代的四种中国古乐的调式。

Glen Dudbridge（杜德桥），英国著名汉学家，牛津大学荣休教授。曾任剑桥大学菲茨威廉学院（Fitzwilliam College，Cambridge）东方研究院汉学教授，牛津大学大学学院（University College，Oxford）邵逸夫讲座教授，牛津大学中国研究所主任等职。主要研究领域是中国古典小说、中国宗教文学与通俗文学、中国史学与历史文献。

Evans, Brian L. . *The remarkable Chester Ronning*: *proud son of China*. University of Alberta Press, 2013.

非凡的切斯特·朗宁：自豪的中国之子

切斯特·朗宁（Chester Ronning, 1894—1984）出生于湖北襄阳（原襄樊）一个加拿大传教士家庭，少年时举家返回加拿大，定居阿尔伯塔省。在加拿大和美国读完大学后，朗宁于 1922 年回到襄阳，在其父创办的襄阳市第一中学（原鸿文书院、鸿文中学）教书。1927 年回国。1932 年当选加拿大阿尔伯塔省议会中最年轻的议员。1942 年应征入伍，1945 年朗宁进入加拿大外交界工作直至 1965 年退休，期间不遗余力地推动中加建交，呼吁联合国恢复中国的合法席位，帮助西方国家加强对中国的了解。1972 年，加拿大政府为表彰朗宁为加拿大外交所做的贡献，特别是为发展中加两国友好关系所做的努力，为朗宁颁发了联邦一级勋章。1974 年，朗宁的著作《回忆革命中的中国》（*A memoir of China in revolution*: *from the Boxer Rebellion to the People's Republic*）在美国出版，引起了巨大反响。本书是朗宁的第一部英文传记，深入刻画了这位集外交家、政治家、教育家于一身的非凡人物和他与中国羁绊的一生。本书的写作基于诸多历史文献档案以及大量的对朗宁和他的友人、同事进行的访谈。本书是一部生动有趣、深入透彻的人物传记，从中也可一窥 20 世纪的国际政治风云，二战后的加拿大外交战略以及中加关系的发展。

Brian L. Evans，加拿大中国学家，1973 年至 1975 年在加拿大驻中国大使馆任文化参赞。曾任加拿大阿尔伯塔大学（University of Alberta）教授并创立了东亚研究系。退休后一直致力于记录和保存在阿尔伯塔的中国移民先驱者的故事。另著有《探寻中国》（*Pursuing China*: *Memoir of a Beaver Liaison Officer*, 2012. ）一书。

Flad, Rowan K.; Chen, Pochan. *Ancient central China: centers and peripheries along the Yangzi River.* Cambridge University Press, 2013.

古代中原：长江沿岸的中心与外围

本书提供了包括三峡库区在内的长江中上游地区的最新考古发现，聚焦新石器时代晚期到青铜器时代末期的出土文物，用景观人类学模型考察区域与区际文化关系，将众多历史和考古研究中被忽略的长江沿岸的外围地区——成都平原、三峡地区和湖北、湖南置于重要位置，论证了这些地区曾是古代中国的核心区域，重塑了人们对中国西南地区早期文化的理解。作者的研究表明，这些地区政治上处于外围，其实是跨区域经济网络的中心，特别在史前时期食盐生产方面。

Rowan K. Flad（傅罗文），美国哈佛大学（Harvard University）人类学系教授。

Chen Pochan（陈伯桢），台湾大学人类学系副教授。

Gladston，Paul. *"Avant-garde" art groups in China*，*1979-1989*. Intellect Ltd，2013.

中国的先锋艺术团体，1979—1989

　　20 世纪 80 年代中期的中国出现了几十个自发形成的艺术团体，尽管他们都很相似，并且相当一部分只是名义上的存在，但这些艺术团体代表了中国在1979 年至 1989 年这十年间社会开放的一部分。这些先锋艺术团体的重要性不言而喻，但迄今为止发表的相关研究极为有限，研究内容也在很大程度上依赖于同时代人士对这些艺术团体活动的介绍，并在此基础上做一些停留在表面的阐释，几乎没有任何批判性的研究分析，甚至关于这些艺术团体的很多基本事实都存在谬误。本书重点聚焦 1979 年至 1989 年间中国最引人关注的四个先锋艺术团体——星星画会、北方艺术群体、池社和厦门达达。书中提供了一批具有批判和分析视角的相关文献资料，披露了作者与这些艺术团体前成员的对话实录，梳理了先锋艺术在中国的发展，并与诸多注释相结合，展现了这些艺术团体形成和发展的历史背景、创作氛围，以及他们所经历的身份困境。

　　Paul Gladston（葛思谛），英国诺丁汉大学（University of Nottingham）文化、电影与传媒系副教授，该校当代东亚文化研究中心主任。

Harmsen，Peter. *Shanghai* 1937：*Stalingrad on the Yangtze*. Casemate，2013.

上海 1937：扬子江上的斯大林格勒

　　1937 年的"八一三"淞沪会战是中日双方主力第一次大规模正面作战，对抗战局势影响巨大。这场战役也是现代战争史上第一次大规模的都市战役，由于上海租界的存在，有大批外国侨民亲眼目睹了这场战斗，那段时间，上海的战火是世界各地报刊的热点新闻。本书叙述了淞沪会战的起因、蒋介石的决策、中国军队的主动出击、战事胶着、上海沦陷的过程。作者用委婉的方式批驳了"二战"开始于欧洲的观点，并认为 1937 年的淞沪会战已经是第二次世界大战的一部分。作者搜集了与此相关的中方、日方、上海租界内欧美人士以及在中国军队中的德国顾问的相关资料，从中方官兵、日军官兵、德国顾问、租界西方人士等四个视角出发，通过交叉论述、互相佐证，从而有效地支撑了全书的论点。

　　Peter Harmsen（何铭生），法新社台湾分社社长。曾在东亚地区从事新闻报道工作 20 多年。

He，Yuming. *Home and the world*：editing the "*Glorious Ming*" in wood-block-printed books of the sixteenth and seventeenth centuries. The Harvard University Asia Center，2013.

家与世界：16 至 17 世纪刻本中的大明盛世

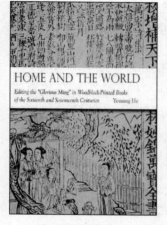

雕版印刷的发展在 16 至 17 世纪的中国达到空前规模。现世残存的那一时期的印刷文化的印记能够揭示出当时的书籍制作者和消费者怎样的信息呢？本书通过仔细检视内容广泛的大量晚明时期的书籍来解答这一问题。作者重估了明代大众书籍的多重身份——作为一种物质文化、一件贸易商品和一种帮助读者开拓眼界的工具，并在此基础上把对明代书籍的研究拓展到诸多学术领地，包括印刷文化、文学研究、书籍史和阅读史。此外，通过对晚明时期流行风潮的视觉、内容与物质的创造性分析，作者成功地展现了一个以印刷品为主要交流手段的新型社交世界。

本书获 2015 年列文森奖（pre-1900 China）*。

* 列文森奖，全称"列文森中国研究书籍奖"，由美国亚洲研究协会（Association for Asian Studies）为纪念中国近代史研究巨擘 Joseph R. Levenson 而设立。主要奖励在美国出版的，对中国历史、文化、社会、政治、经济等方面研究做出极大贡献的杰出学术著作。该奖每年颁发给两部作品，按照研究内容所属时代划分，一部奖励研究 20 世纪以前中国（pre-1900 China）的作品，一部奖励研究 20 世纪以后中国（post-1900 China）的作品。

He，Yuming（何予明），美国加州大学戴维斯分校（University of California，Davis）东亚语言与文化系助教。

Idema，Will. *Chinese studies in the Netherlands*：*past*，*present and future*. Brill，2013.

荷兰中国学：过去、现在和未来

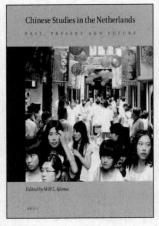

　　荷兰是较早开始中国研究的西方国家之一，时间可以追溯到 17 世纪初，缘于荷兰在荷属东印度群岛进行殖民统治的需要。20 世纪初期以前，荷兰中国学的研究重点是中国文献，之后经过几十年的发展，研究重点逐渐转向现当代中国问题。本书汇集的文章不仅有自 19 世纪中期以来荷兰中国学发展历史轨迹的回顾，也涉及荷兰中国学对中国某些特定领域的研究。

　　说起荷兰的中国学研究，就不能不提及莱顿大学（Leiden University）——荷兰最古老的、也是欧洲最具声望的大学之一。莱顿大学早在 1851 年就设立了中文专业，1876 年又设立了第一个汉学教授职位。1890 年，由莱顿大学学者和法国学者初创、莱顿大学布里尔出版社（Brill）出版的国际汉学期刊《通报》（*T'oung Pao*），被誉为西方世界最具权威性的三种汉学学报之一，且出版至今。1930 年莱顿大学又根据形势发展的需要成立了中国研究专业学术机构——汉学研究院（Sinological Institute of Leiden）。本书有专门的文章对莱顿大学的中国研究进行了总结。

　　Will L. Idema（伊维德），汉学家，翻译家，美国哈佛大学（Harvard University）东亚语言文明系中国文学教授，曾任莱顿大学中国语言文化系主任、人文学院院长。

Jowett，Philip. *China's wars：rousing the dragon 1894-1949*. Osprey Publishing，2013.

巨龙苏醒：1894—1949 年中国的战争

　　中国已经成为世界上最强大的力量之一，不论经济、政治还是军事方面，中国的实力和国际影响力都在 21 世纪得到了长足的发展。所有这一切都与中国在 19 世纪末期的状况有着天壤之别，那个时候，中国只是一个孤立的摇摇欲坠的封建王国，欧洲任何列强都可以随意地将自己的意愿强加给它。在经历了一系列叛乱、军阀崛起和辛亥革命的威胁之后，中国传统封建制度最终崩塌。尽管 1912 年成立了中华民国，但中国仍然处于军阀割据的混战状态。到 20 世纪 20 年代，两种对立的革命运动开始兴起，其领导者分别为中国国民党和中国共产党，两党之间的长期斗争一直持续到 1949 年。与此同时，日本开始入侵中国，并在 1931 年控制了整个满洲地区。1937 年，中日冲突彻底升级为战争，直到 1945 年日本在第二次世界大战中战败。此后，中国又经历了四年艰苦的解放战争，最终在 1949 年由中国共产党建立起中华人民共和国。纵观这一时期的历史，从 1894 年至 1895 年的甲午战争，再到 1949 年解放战争结束，连续不断的战争见证了中国的成长，特别是在军事上，1894 年至 1949 年是中国历史长河中一段决定性时期。在这本最新的研究著作中，作者追溯了中国在这段时期中复杂的军事发展史，并且详细描述了中国经历的一系列国内国际战争历程。

　　Philip Jowett，英国战争史作家，曾担任英国军事题材出版社 Osprey 出版的系列图书 *Men-at-Arms* 的作者。

Ladds，Catherine. *Empire careers*：*working for the Chinese customs service*，*1854-1949*. Manchester University Press，2013.

帝国的事业：他们在中国海关工作，1854—1949

　　这是第一部研究 1854 年至 1949 年间供职于中国海关的 11000 余名外籍工作人员的著作。书中探讨了他们在帝国主义意识形态和组织体系中的生活和职业生涯。作者尽可能广泛地选取其中的代表人物——英国人和非英国人、职场精英和普通职员，展现他们的专业成就，他们经历的磨难，他们的社会活动和家庭生活，以及中国国内和国际政治变化给他们的工作和生活带来的影响。与常见的一种假设，即中国只是各殖民帝国的"前哨"相反，这支国际化的中国海关工作团队使中国成为一个呈现各殖民帝国汇聚和交锋的地方。

Catherine Ladds，香港浸会大学历史学系助教。

Li，Feng. *Early China*：*a social and cultural history*. Cambridge University Press，2013.

早期中国：一部社会文化史

　　"早期中国"泛指自中国人类史的开端至公元220年汉朝结束这一时期的中国。近代中国各种社会和文化现象的发生都源于这一时期的华夏文明。本书利用近30年来的学术研究和考古发现，对早期中国的社会和文化进行了全新的批判性解读。有关这一时期的关键性议题本书均有涉猎，其中包括语言文字的源起，国家的出现，商周时期的宗教，官僚体制，法律与法治，战争本质的演变，帝国的创建，艺术形象的变化，以及对社会秩序的哲学探索。本书行文流畅，并配有80余幅精美插图、地图以及详尽的大事年表，全面展现了早期中国的地理地貌和关键性的历史事件。

　　Li Feng（李峰），美国哥伦比亚大学（*Columbia University*）东亚语言与文化系终身教授，哥伦比亚大学考古研究中心副主任。创办了哥伦比亚大学早期中国讲座，多年来一直致力于西周时期的考古和历史研究，为西方早期中国研究的重要学者。

Liu，Lydia H.［et al.］. *The birth of Chinese feminism*：*essential texts in transnational theory*. Columbia University Press，2013.

中国女权主义的诞生：跨国理论中的关键文本

何殷震，又名何震、何班，清末民初国学大家刘师培之妻，被认为是中国女权主义启蒙的核心人物，生前因女权言论和行为而引起颇多争议。与同时代的人相比，她对中国和中华民族的命运关注的较少，对父权社会、帝国主义、资本主义和性别压制之间的关系等全球性、历史性问题关注较多。作为一位女权主义理论家，她曾提出很多关于当时中国和国际社会的独特看法与分析。作者认为，早在五四运动之前，何殷震就明确揭示了"男女有别"内化于古代父权国家的政治、经济、哲学、社会、学术和家庭体制，而且分析资本主义国家形态、私有制、雇佣劳动和改头换面的性别奴役的根本范畴。她所提出的分析方法对于当今跨国女权主义的理论建设工作依然具有重要的借鉴意义。本书全面深入地介绍了何殷震的生平与思想，翻译、注释了能够反映其思想理论的六篇文章，并与同时代的知名男性学者金天翮、梁启超的有关女权主义的著作进行比较研究，在跨国背景下批判性地重构了20世纪初的中国女权主义思想。

Lydia H. Liu（刘禾），美国哥伦比亚大学（*Columbia University*）人文科学讲席教授（*WunTsun Tam Professor*），清华大学中文系教授，清华大学—哥伦比亚大学跨语际文化研究中心主任。

Rebecca E. Karl，美国纽约大学（New York University）历史学副教授。

Dorothy Ko（高彦颐），美国巴纳德学院（Barnard College）历史学教授。

Meyer-Fong，Tobie. *What remains：coming to terms with civil war in 19th century China*. Stanford University Press，2013.

浩劫之后：太平天国战争的遗产与 19 世纪的中国

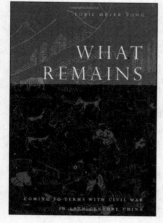

本书通过对太平天国战争中人员伤亡情况的系统分析，提供了中国近现代史研究的一个新视角。作者对清王朝进入衰落期的种种表现，包括暴力对地方社区的影响，地方士绅对社会道德秩序的重整，慈善组织的社会救治行动，国家和地方争夺战后祭奠仪式的话语权，国家与社会关系的变化等一系列重要问题作了新的阐释。在本书中没有提及洪秀全和曾国藩的位置，作者聚焦于被卷入战争的社会底层百姓，关注在这场大规模内战中，民众如同浮萍一般的命运和求生的努力，以及战争对普通百姓心灵造成的创伤。全书共七章，作者用七个词（组）命名各章：战争（War），话语（Words），黥体（Marked Bodies），骨肉（Bones and Flesh），失去（Loss），尾声（Endings）。作者认为这些词（组）表达了因战争而产生的幻灭和无力感，以及难以弥合的悲痛。

Tobie Meyer-Fong（梅尔清），美国约翰·霍普金斯大学（Johns Hopkins University）历史系副教授。

Miller，Manjari Chatterjee. *Wronged by empire*：*post-imperial ideology and foreign policy in India and China*. Stanford University Press，2013.

帝国之殇：印度和中国的后帝国时代意识形态与外交政策

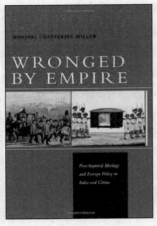

尽管中国和印度经历了不同的殖民统治，但两国都采取了同一种方式来面对——把被殖民的历史当作国家的集体性创伤。强烈的受害意识至今影响着两国的对外政策。本书结合历史现象和殖民主义研究，以及用档案研究、新闻数据挖掘和基于内容分析的统计法等研究方法分析中印两国的对外政策选择方面取得的新的突破。作者用两国被殖民的历史阐释了现今两国诸多令人费解的举动。更广泛地说，作者论证了以往被国际关系研究所忽视的前殖民地这一大类别的研究主体，其变化的历史经验是可以用来在国际体系中对国家进行分类的。在本书研究过程中作者提供了一个比传统的国际关系理论更具包容性的分析方法。

Manjari Chatterjee Miller，美国波士顿大学（Boston University）国际关系系助教。

Mitter，Rana. *China's war with Japan*，*1937-1945*：*the struggle for survival*. Allen Lane，2013. ［英国版］

中国的抗日战争，1937—1945：为了生存的斗争

　　在二战中，中国是最早抗击轴心国侵略的国家。抗日战争爆发于 1937 年，早于英法两国反法西斯战争两年，比美国参战早四年。然而，外界至今对中国在漫长的八年抗战中所付出的高昂代价没有一个全面的认识，很多人也还没意识到中国在二战中所发挥的作用，即使知道中国参战也往往将其视为次要战场。基于最新解禁档案，作者披露了 1937 年至 1945 年发生在中国战场上的一连串入侵、屠杀与抗争的史实，聚焦三大战时人物——自战火中诞生的划时代巨人毛泽东，扛起千斤重担的战时领袖蒋介石，从革命志士堕落为汉奸的汪精卫……八年艰苦抗战，无数悲天恸地的事迹，万千大小人物的命运变迁，共同构成了这部战争史诗。同时，本书还对战时英国、美国和中国的关系进行了分析，探讨了盟军参战对于中国共产党在战后赢得政权所起的作用。

　　Rana Mitter，西方新一代中国抗战史研究权威，英国牛津大学（University of Oxford）现代中国政治与历史专业教授，牛津大学中国中心主任。

相关版本

Mitter，Rana. *Forgotten ally*：*China's World War II*，1937-1940. Houghton Mifflin Harcourt，2013. ［美国版］

Mosca，Matthew W.. *From frontier policy to foreign policy*： *the question of India and the transformation of geopolitics in Qing China.* Stanford University Press，2013.

从边疆政策到外交政策：印度问题与清代中国地缘政治的转变

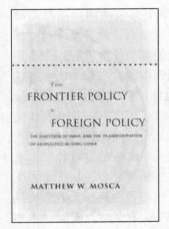

清朝曾被认为是一个闭关自守、拒绝现代化的朝代，对于外国，特别是英国的发展富强一无所知。然而本书论证了至少在乔治·马戛尔尼（Lord George Marcartney）使团访问北京前后，清朝已经注意到英国在印度与广州的势力。通过对一系列文献信息的分析，本书披露了清帝国为了收集新兴竞争对手——英属印度而建立的情报网络，探讨了中国在全球语境中对自身位置认知的改变。作者认为，清朝的官员们并非沉溺于中国中心的世界观，而是对外交事务颇为关注。清代的统治者、官员和学者们将历朝历代零散的、多样化的关于异域的认知整合成为一个完整的世界观，与此同时，用统一的对外政策取代了从前在沿海和新疆、西藏等边陲地区实施的边疆政策。对西方帝国主义的全新认识和积极响应不仅重塑了中国外交，也改变了王朝的中心——北京与边疆地区的关系。本书通过分析中文、满文和英文的档案与资料，从清帝国如何搜集和理解陆海疆情报的角度来探讨清朝对外国的认知和外交策略的制定实施，在研究视野和议题设定上都对清史研究有所突破。

Matthew W. Mosca（马世嘉），美国弗吉尼亚州威廉与玛丽学院（College of William and Mary）历史系助教。师承 Philip A. Kuhn（孔飞力）、Mark C. Elliott（欧立德）与 Peter C. Perdue（濮德培）。主要研究领域为清代对外关系以及清代地理与史学思想史。

Olberding, Garret P. S.. *Facing the monarch*: *modes of advice in the early Chinese court*. Harvard University Asia Center, 2013.

面圣：早期中国朝廷的谏言模式

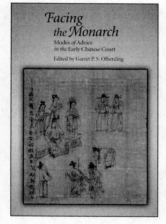

人们普遍认为，政治演说往往充斥着操纵性的话语，而政治家的雄辩则植根于狡诈与敷衍，过度修辞引发的曲解被认为导致政治话语内容的扭曲。然而本书中的论文论证了形式与内容完全割裂几乎是不可能的。本书聚焦春秋至汉朝末期，考察了大臣与君主之间在言辞互动的过程中对语言修辞手法的多层面创新。作者们通过分析中国古代文献中的章节片段，包括先秦时期的谏书、大臣的演说、晏婴和李斯的谏言、董仲舒的《天人三策》、扬雄的《法言》等等，探讨了在诡辩、误导为普遍风气的背景下，与之相关的审查、反讽与异见等主题。对于中国古代政治环境的形成，政治语言的措辞和被禁止的表达方式，本书给出了新颖的、具有启发性的观点。

Garret P. S. Olberding，美国俄克拉荷马大学（University of Oklahoma）历史专业副教授。主要讲授中国历史、军事、宗教方面的课程。

Rojas，Carlos；Chow，Eileen. *The Oxford handbook of Chinese cinemas.*
Oxford University Press，2013.
牛津中国电影手册

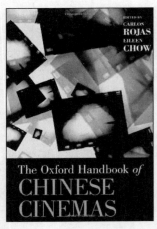

如何定义一部电影是"中国的"？是影片的主题还是语言、民族性、意识形态或政治取向来决定？在"中国电影"这一宽泛领域中，试图运用任何单一方法回答上述问题都是很困难的。

本书是中国电影学术研究的重要著作之一，收录了33篇知名学者的文章，对有关中国电影的广泛议题进行了创新分析，也为电影研究的跨学科交流提供了平台。全书分三部分，第一部分回顾了中国电影自20世纪早期诞生至今的发展过程，对一些尚未被深入研究的历史时段进行了讨论，包括20世纪三四十年代满洲映画协会拍摄的电影以及毛泽东时代的中国大陆电影。第二部分研究不同类型的电影，包括歌舞片、战争片，以及随着新技术的发展而产生的微电影和实景电影等等。第三部分主要探讨了电影的翻拍、电影制作和发行等结构要素问题。

Carlos Rojas（罗鹏），美国杜克大学（Duke University）中国文化研究、女性研究和影像艺术副教授。

Eileen Chow（周成荫），美国哈佛大学（Harvard University）中国文学与文化研究助教。

Schaeffer, Kurtis R. [et al]. *Sources of Tibetan tradition*. Columbia University Press, 2013.

西藏传统的起源

本书由三位国际著名藏学家主编，全球数十位藏学家合作完成，共收集 180 余篇用西方语言撰写的西藏研究文献并进行了高质量的英文翻译，每篇文献的开端都以广泛的社会文化背景作为导论，并对每一篇译文做了简要说明。本书收录的文献阐述了跨越广阔地域和悠久历史的西藏文明的方方面面，首次呈现了西藏研究的多样性。全书依时代划分为五部分：政治扩张与藏传佛教文化的开端（7 至 10 世纪）；分裂的西藏：从君主统治到僧侣统治（11 至 12 世纪）；僧侣和贵族掌权的时代：西藏文化的全盛时期（13 至 16 世纪）；中央集权时代：噶丹颇章政权及其所维护的文化霸权（17 至 20 世纪）；20 世纪初的新视野：西藏与西方的遭遇和当代政治议题。

Kurtis R. Schaeffer，美国弗吉尼亚大学（University of Virginia）宗教研究系主任、教授。

Matthew T. Kapstein，法国巴黎高等研究实践学院（école Pratique des Hautes études）西藏研究中心主任，美国芝加哥大学（University of Chicago）宗教研究客座教授。

Gray Tuttle，美国哥伦比亚大学（Columbia University）东亚语言文化系当代西藏研究副教授。

Schmidt-Leukel，Perry；Gentz，Joachim. *Religious diversity in Chinese thought*. Palgrave Macmillan，2013.

中国思想中的宗教多样性

回顾过去，可以看到中国拥有一段相当长的宗教多样性历史，尽管这段历史中并非完全不存在宗教冲突，但相对而言，中国的宗教史比西方的宗教史平和得多。其原因何在？是因为统治者强有力的控制？因为强大的和谐思想渗透到了各种宗教领域？还是因为中国有与众不同的宗教认同感？宗教多样性的历史传统又是如何被引入当代中国，特别20世纪80年代宗教自由化之后的宗教政策和宗教讨论中？本书呈现了诸多专家学者对上述问题的创新观点。全书分四部分，第一部分探讨了中国、中国思想与宗教多样性的关系，以及宗教多样性的议题到底是什么。第二部分逐一分析了中国道教、佛教、儒教、伊斯兰教、基督教及其宗教消费者对宗教多样性的观点。第三部分探讨宗教概念在中国现代性中的转变，中国共产党和毛泽东思想关于宗教多样性的观点。第四部分从宗教学的角度探讨中国宗教，议题包括当前中国宗教学术中的两个矛盾的理论模型：宗教生态学和宗教市场化，中国宗教需要一种宗教多元理论吗？当代中国基督教的宗教多样性话语，当代中国宗教政策，新兴宗教运动与宗教自由。

Perry Schmidt-Leukel，德国明斯特大学（University of Münster）宗教研究和跨文化神学教授。

Joachim Gentz，英国爱丁堡大学（University of Edinburgh）中文教授。

Silbergeld，Jerome；Ching，Dora C. Y.. *The family model in Chinese art and culture.* Princeton University Press，2013.

中国艺术与文化中的家庭模式

一直以来家庭在中国历史上都是社会组织和文化传承的核心，家庭模式从内容到风格渗透在中国艺术的方方面面。本书集合了来自艺术史、人类学、精神医学、历史和文学等领域的作者，共同探讨了中国人的家庭观念对艺术创作的影响。本文集的作者除了两位主编之外还包括 Craig Clunas（柯律格）、Michelle Deklyen、Rubie S. Watson（华若璧）、Arthur Kleinman（凯博文）、Vivian B. Shapiro、Stevan Harrell（郝瑞）、许杰、Michael Nylan（戴梅可）、Anthony Barbieri - Low、Klaas Ruitenbeek（鲁克思）、Ann Barrott Wicks、Louise Edwards（李木兰）等知名学者、汉学家。他们探讨了中国古代社会在真实的和观念中的家庭模式之历史性建构，分析了家庭模式在艺术与文学中的体现以及与真实生活的关联。

Jerome Silbergeld（谢柏轲），美国普林斯顿大学（Princeton University）中国艺术史教授，普林斯顿大学唐氏东亚文化中心（The P. Y. and Kinmay W. Tang Center for East Asian Art）主任。

Dora C. Y. Ching，美国普林斯顿大学唐氏东亚文化中心副主任。

Song，Yuwu. *Biographical dictionary of the People's Republic of China.*
McFarland & Company Inc. Publishers，2013.
中华人民共和国人物传记词典

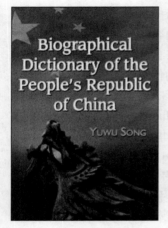

　　这本人物传记词典精心挑选了 588 位自 1949 年新中国成立之后，对中国人生活和文化的发展产生过影响的著名人物，包括政治、商业、军事、学术、医药、社会运动、艺术、娱乐和体育等社会各界人士。本词典按照人物中文姓名拼音的字母顺序排列，每一个词条的体例首先是该人物的生平简述，然后以编年体方式排列重要事迹，最后是对该人物的贡献和影响的简要分析。对于希望获取过去 70 年中国著名人物相关信息的读者来说，这本词典是不可缺少的研究工具。

　　Song Yuwu（宋玉武），美国国会图书馆（Library of Congress）亚洲部中国研究馆员。

Swope，Kenneth M.. *The military collapse of China's Ming Dynasty，1618-1644*. Routledge，2013.

中国明朝军队的崩溃，1618—1644

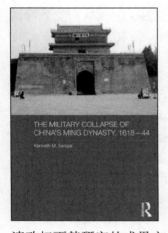

16 世纪末，中日朝三国在朝鲜半岛爆发了一场大规模冲突，中国史称"万历朝鲜战争"（日本称"文禄庆长之役"，朝鲜称"壬辰卫国战争"）。这场战争由首次统一日本的丰臣秀吉派兵入侵朝鲜引起，明帝国作为朝鲜的宗主国，应其请求派军增援，使日本占领朝鲜并以朝鲜为跳板进攻明帝国的行动受阻。然而就在这场战争之后，明朝开始走向衰落，并最终于 1644 年灭亡。这种令人惊讶的转折使很多人都将万历朝鲜战争视为导致大明帝国衰败的原因之一。

本书作者一直致力于研究中华帝国晚期史，特别是万历朝的军事与政局，本书是作者 20 余年来对明清政权更替研究的成果之一。和通常研究明朝灭亡的原因都是从政治与社会经济角度入手不同，本书将研究重点放在了内忧外患局面下明朝的军事崩溃。通过分析明晚期军事化的过程，以及明朝君主与军事将领之间关系的恶化，作者阐释了曾经拥有惊人军事资源和潜力的明帝国是如何被军队数量比自己少、军事技术比自己弱的敌人打败的。

Kenneth M. Swope，美国南密西西比大学（University of Southern Mississippi）战争与社会研究中心研究员，历史学教授。主要研究中国明代的军事、政治与社会史，现代早期军事史比较研究。

Tanner, Harold M.. *The battle for Manchuria and the fate of China*: *Siping*, *1946*. Indiana University Press, 2013.

满洲之战与中国的命运：四平 1946

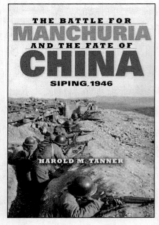

　　1946 年 3 月至 1948 年 3 月，中国共产党领导的军队同国民党军队在四平进行了四次会战。四平的得失直接或间接地关系着国共两党在东北全局的得失，因此，双方不惜投入精兵良将鼎力相夺，四平几易其主。本书主要关注二战后国共两党对东北地区的争夺和中国的命运走向，并将 1946 年的第二次四平战役作为研究重点，不仅详细介绍了第二次四平战役爆发前的东北局势和历史背景，还对战役各阶段的战况进行了深入分析。作者征引了大量有关四平之战的史料，包括历史档案和地方报纸，且运用的中文史料多于英文史料。但不足之处是未使用俄文资料，而苏联对国共两党对东北地区的争夺具有重要的影响，缺乏俄文史料的支持不免使研究深度受限。

　　全书共八章：1946 年的四平；东北棋局，1945 年 8 月至 9 月；共产党撤退，1945 年 10 月至 12 月；马歇尔的使命，1945 年 12 月至 1946 年 3 月；第二次四平战役第一阶段：从外部防御到陷入僵局，1946 年 3 月至 4 月；第二次四平战役第二阶段：从防守到退却，1946 年 4 月至 5 月；追击与停火，1946 年 5 月至 6 月；历史与未来的愿景。

　　Harold M. Tanner，美国北德克萨斯大学（University of North Texas）历史学教授，军事史中心研究员。

Törmä，Minna. *Enchanted by Lohans：Osvald Sirén's journey into Chinese art*. Hong Kong University Press，2013.

情迷罗汉：喜仁龙的中国艺术之旅

喜仁龙（Osvald Sirén，1879—1966），祖籍芬兰，定居瑞典。美术史学家，1930 年当选芬兰科学院院士。曾五次访问中国，其关于中国的著作在西方广受欢迎，是西方中国艺术研究的奠基者之一。主要著作有：《北京的城墙和城门》（*The Walls and Gates of Peking*，1924），《中国雕刻》（*Chinese Sculpture*，1925），《北京故宫》（*The Imperial Palace of Peking*，1926），《中国花园》（*Gardens of China*，1949）等。喜仁龙曾经是具有国际声望的意大利艺术研究学者，年近四十之际，因为着迷于中国艺术而开启了新的职业生涯。他在中国艺术研究的若干领域都留下了自己的印记，包括建筑、雕塑、绘画和庭院艺术。本书聚焦其 1918 年、1921 年至 1923 年、1929 年至 1930 年和 1935 年间的四次东亚之旅，这是中国考古和艺术研究史上的关键时期，也是西方中国艺术品收藏的关键时期。作者研究了喜仁龙在日本、朝鲜和中国的旅程，也介绍了这些国家里有影响力的艺术品收藏家和经销商。喜仁龙是一位通神论者（Theosophist），因此本书作者还探究了通神论思想对其艺术研究的影响。

Minna Törmä，英国格拉斯哥大学（University of Glasgow）中国艺术讲师，芬兰赫尔辛基大学（University of Helsinki）艺术史兼职教授。

Tuttle，Gray；Schaeffer，Kurtis R.. *The Tibetan history reader*. Columbia University Press，2013.

西藏历史读本

本书是来自美国、法国、德国、意大利、日本和中国的学者们的论文集合，再现了过去 50 年西藏研究中最关键的议题，反映了西藏研究的国际性和跨学科的多重视野。本书内容覆盖了从史前到现代的西藏社会、文化和政治发展，对西藏历史、西藏与周边地区和国家的关系，西藏在全球事务中的角色做出了深刻的论述。每篇论文前都有概括明确的导读。全书 30 余篇论文被分为六部分，第一部分从史前到有史记载，讲述了青藏高原的史前史、历史神话和关于西藏历史的分期问题；第二部分公元 7—10 世纪的西藏帝国，论文主题涉及西藏的玛尼堆和观音崇拜、桑耶寺僧净会、西藏古代碑文、中国北方包括鄂尔多斯地区的藏民；第三部分公元 10—12 世纪西藏的复兴，讨论了河西走廊的藏族部落、西藏西部的统治者、苯教、寺院权力的演变等问题；第四部分公元 13—14 世纪的西藏和蒙古人，研究了西藏的蒙古人口普查和萨迦班智达致蕃人书，第五部分公元 15—18 世纪西藏权力的中心与宗教，探讨了帕木竹巴王朝的崛起、西藏中部的冲突、中部和东部藏区的苯教等；第六部分 17—20 世纪现代西藏，论文涉及的议题包括达赖喇嘛与喇嘛转世的起源，五世达赖，现代化前夕的藏医与佛教，罗卜藏丹津叛乱，西藏的贵族阶层，明末清初拉萨的贸易，轮回、土地与政治，西藏长途贸易的地理历史学（1850—1950），德格王国，拉卜楞寺———一座处在四种文明十字路口的佛教寺院，1951 年汉藏协议的诞生，以及全球语境下的西藏。

Gray Tuttle，美国哥伦比亚大学（Columbia University）东亚语言文化系现代西藏研究副教授。

Kurtis R. Schaeffer，美国弗吉尼亚大学（University of Virginia）宗教研究系主任、教授。

Wang, Zhenping. *Tang China in multi-polar Asia*：*A history of diplomacy and war.* University of Hawai'i Press，2013.

多极亚洲中的唐代中国：外交与战争史

本书运用综合叙事手法，从多极化的角度透视分析了中国唐代与突厥、朝鲜（高句丽、百济和新罗）、南诏、渤海国和西藏王朝的关系。对基于"朝贡体系"的一个普遍、流行的观点，即当时的中国是亚洲的中心，作者给出了不同的看法。作者认为，当时亚洲各国之间的关系是不稳定的和动态发展的，他们时而为了扩大自己的势力范围而相互竞争，时而为对付第三国而结成同盟，时而又为实现自身目的自行其是，这些国家中没有一个能永远独霸政治舞台。那些朝贡使团来华的目的是从中国获取政治经济和文化利益，以实现自身的政治自保和经济自强。唐王朝是亚洲各国敬畏的一股势力，但随着四邻国家在势力上与唐王朝的差距逐步缩小，他们与唐王朝形成了一种复杂的相互依存的关系。唐王朝即使在最鼎盛的时候也无法凭借一己之力控制亚洲地缘政治走向。本书还对唐代外交政策的意识形态基础进行了新的阐释，作者认为适当性、有效性、便利性和共同利益等因素决定了唐代朝廷的对外行动。

Wang Zhenping（王贞平），新加坡南洋理工大学国立教育学院副教授。

Wilkinson, Endymion. *Chinese history*: *a new manual*. Harvard University Asia Center, 2013.

中国历史新手册

本书作者集数十年心血于 1998 年编成了《中国历史手册》(*Chinese history*: *a manual*),出版后广受西方学术界欢迎,成为西方最权威的中国史入门工具书之一。尽管书名为《中国历史手册》,其内容却涉及中国文字、语言、哲学、文化、社会风俗、人文地理、历史等各个层面,书中不仅介绍了研究中国史的基本原始资料,而且概述了东西方中国史研究的状况,对欧美,中国内地、台湾、香港,日本,甚至俄罗斯、东南亚的中国史研究状况都有涉猎。2000 年出版增订本(*Chinese history*: *a manual*, *revised and enlarged*)。本书是最新的修订版本,历经十数年的再次雕琢,使得这一新版本的内容达到 14 卷、76 个章节。本书第一至九卷涵盖了语言、人民、地理与环境、治理与教育、观念与信仰、文学与艺术、农业、食物、饮品、科技、贸易和历史编纂;第十至十三卷按年代顺序汇集了中国历史相关的一次和二次文献;第十四卷是历史文献目录。本书不仅是中国史研究的入门书籍,更是了解全世界中国史研究动态的一部有效的工具书。

Endymion Wilkinson(魏根深),美国哈佛大学费正清中国研究中心(Fairbank Center for China Studies, Harvard University)研究员,北京大学中国古代史研究中心兼职研究员。1994 年至 2001 年担任欧盟驻中国大使。

相关书目

Wilkinson, Endymion. *Chinese history*: *a manual*. Harvard University Asia Center, 1998.

Wilkinson, Endymion. *Chinese history*: *a manual*, *revised and enlarged*. Harvard University Asia Center, 2000.

Zürcher，Erik；Silk，Jonathan A.. *Buddhism in China*：*collected papers of Erik Zürcher*. Brill，2013.

佛教在中国：许理和作品集

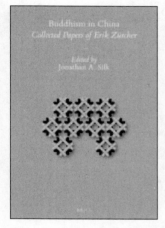

许理和（1928—2008），荷兰著名汉学家，1959年以《佛教征服中国》获得博士学位，同名专著（*The Buddhist conquest of China*：*the spread and adaptation of Buddhism in early medieval China*. Brill，1959）出版后久享盛誉。许理和的研究兴趣主要在与文化冲突相关的各类主题，例如通过研究佛教在中国的传播以及明末清初来华耶稣会士的历史来探索中国对外来影响的反应和适应过程。此外，他还发表过一系列从语言学视角研究中国佛教的论文，开启了佛典汉译在汉语史研究方面的新领域。许理和晚年留下的专著较少，但其发表的论文往往要言不烦，价值不输专著。

本书首次汇集多篇许理和的研究论文和他撰写的书评，包括最早的佛经译文中的东汉口语成分，佛教对早期道教的影响，早期中国佛教中的末世论和对救世主的信念，唐代的佛教与教育，中华帝国时期佛教和基督教的传播，徐光启与佛教，17世纪中国佛教的忏悔与基督教的告解，评富安敦著《质子安世高及其后裔》，评卜正民著《为权利祈祷：佛教与晚明中国士绅社会的形成》，等等。

Erik Zürcher（许理和），1962—1993 年任荷兰莱顿大学（Leiden University）东亚史教授，1969 年创设莱顿大学汉学院现代中国资料中心，1974—1990 年任该校汉学研究院院长，期间还兼任该校中文系主任、《通报》主编。

Jonathan A. Silk，荷兰莱顿大学佛教研究教授，主要研究大乘佛教。

日文著作提要

日文著作権要

外交·国防·安全

横山宏章，王雲海. 対論！日本と中国の領土問題. 集英社，2013.
中日领土问题论争

　　在钓鱼岛问题上中日两国对峙、摩擦不断，这一问题与美国对台湾问题的动向、中日关系史、海洋资源与海上交通线、经济和文化等多方面联系密切。解决中日两国领土争端的线索究竟何在？本书是两位作者围绕中日关系展开的对话集，剖析了中日领土问题的根源及发展趋势。全书共三部分，第一部分从国际形势来探讨钓鱼岛问题，主要围绕钓鱼岛问题的背景、渔船冲突事件、海洋资源、霸权主义、钓鱼岛问题的搁置、海洋政策、领土概念、中国人民解放军的动向展开具体讨论；第二部分从中日两国的国内形势来探讨钓鱼岛问题，议题包括中国方面反日运动及其历史、孙中山、权力体系与中华思想、中国面临的问题，日本方面关于领土问题的立场、媒体的影响、民族主义、民主党是否反华的问题、民意与政治的关系、日本的谢罪问题等；第三部分主要分析了在经济全球化背景下中日两国面临的课题，包括日企与中国市场的关系、经济与政治的关系、贫富悬殊的问题、国民性、金融资本主义、钓鱼岛问题发展态势等。

　　横山宏章，日本北九州市立大学教授。研究领域为中国政治、外交史。
　　王雲海，日本一桥大学法学研究科教授。研究领域为刑法、中国社会。

加藤隆則．「反日」中国の真実．講談社，2013.
中国"反日"的真相

2012 年中日迎来邦交正常化 40 周年，但由于日本政府对钓鱼岛实行"国有化"，"反日""反华"等词语在两国媒体和舆论中频繁出现。身为记者的作者认为这些词语不应该简单地被当作标签使用，不能仅凭某人主张"钓鱼岛是中国的"就认定他是爱国者，也不是开日本车、吃寿司的人就是亲日派。这种"不反华就是亲华派，不反日就是亲日派"的二分法排斥了多样的价值观和理性的讨论。同时，关于"反日""反华"的带有情绪渲染的报道，容易使双方关系陷入恶性循环。本书从驻华记者的角度，分析了"反日"行为的本质，探讨了"不惑之年"的中日关系的艰难现状与各种问题，并指出化解危机的途径。全书共有十章，内容涉及政治、经济、历史、社会、文化等各方面，针对爱国主义、民主化、媒体报道方式、战争纪念馆等具体事例进行阐述，试图从大的时代背景下解读中日关系。

加藤隆则，日本《读卖新闻》中国总局局长。毕业于早稻田大学政治经济学院，1986—1987 年留学北京修习中文，1988 年入职读卖新闻社，2005 年 7 月至 2011 年 3 月担任上海支局局长。

近藤大介. 対中戦略：無益な戦争を回避するために. 講談社，2013.

对华战略：避免无益的战争

作者基于长期的驻华体验及历时三年开展的实地采访，撰写了这部建言集，该书分析了新一届领导集体下的中国以及中日关系的走向。

第一章探讨了钓鱼岛问题的本质，剖析了中日关系日益恶化的原因，内容涉及反日运动、中国人民解放军、中国媒体、两岸关系等。第二章从政治、经济、外交的角度考察新一届领导集体的目标，包括中国梦、中国精英阶层、人民币的国际化、中国的对美外交和对非外交、奥巴马政权的对华战略等。第三章分析了中国发展的十五个薄弱环节，包括用工荒、无业游民、腐败、毒食品、大气污染、水资源不足和水污染、地方财政问题、股市低迷、未富先老问题等。第四章为日本对华战略提出了建言，包括"中国死角"的活用、钓鱼岛的解决方法、中国亲日派的培养、对美国真实想法的认识、台湾地区的重要性、朝鲜危机的利用等。

近藤大介，日本《周刊现代》副主编、明治大学兼职讲师。研究领域为中国、韩国等亚洲国家的政治、经济和外交。

劉傑，川島真．対立と共存の歴史認識：日中関係 150 年．東京大学出版会，2013．

对立与共存的历史认识：中日关系 150 年

钓鱼岛争端、反日大游行、大阪市长桥下彻关于慰安妇的言论、安倍表示要重新考虑"村山谈话"……透过种种此类事件可以看出，中日双方对历史的认识仍然存在巨大差异，至今依旧影响着两国关系的发展。虽然中日关系危机频现，但仍有许多人为此奔走。正是因为他们的努力，近代中日关系在对立的同时也呈现了某种意义上的友好。对于中日两国关系的维系，这些人的努力功不可没。本书以近代 150 年间中关系史上的活跃人物为切入点，研究两国对立与共存的历史如何影响两国人民关于历史的认知，进而探究历史事实与历史认识之间的差距是怎样产生的。本论文集的作者包括中日两国学者，全书被分为三部分：第一部分的论文围绕两国的相互印象及其对中日关系的影响进行分析，第二部分的论文介绍在本国利益和两国关系的夹缝中的两国政治家、军人、外交官和知识分子，第三部分论文阐述在两国断交期间政治家、外交官和普通民众之间的私人交往。

劉傑，日本早稻田大学社会科学综合学术院教授。研究领域为近代日本政治外交史、近现代中日关系、当代中国研究。

川島真，日本东京大学综合文化研究科副教授。研究领域为中国政治外交史。

平松茂雄. 毛沢東と鄧小平の「百カ年計画」: 中国人民解放軍の核・海洋・宇宙戦略を読む. オークラ出版, 2013.

毛泽东与邓小平的"百年计划": 中国人民解放军的核武战略, 海洋战略和宇宙战略

日本人往往嘲讽毛泽东的军事路线, 赞美邓小平的改革开放路线, 殊不知二者背后的逻辑体系是一脉相承的, 无不是为了中华民族的伟大复兴。中国共产党的这一目标自毛泽东时代就不曾改变。要理解中国, 就不能忽视对当代中国最高领导人人格的分析。作者认为从毛泽东和邓小平的言行当中可以看到中国的未来。

本书除序论和后记之外, 共有八个章节, 第一章以十年为单位探讨中国"核武器、宇宙、海洋"三位一体战略的发展脉络, 第二章围绕挡在统一台湾道路上的美国核武力量展开分析, 第三章论述了中国的大跃进、人民公社、人民战争与核攻击的关系, 第四章讨论了中国的西南地区的"三线建设", 第五章关注预备战争形势下的核武器开发, 第六章阐述了业已拉开帷幕的"海洋竞争时代", 第七章论证毛泽东、邓小平的"中华民族的复兴"遗言终将实现, 第八章的焦点在于中国的宇宙开发。作者在序论中指出应正确评价毛泽东和邓小平的功过, 在后记中指出日本建设核武装备的紧迫性。

平松茂雄, 日本杏林大学综合政策学院教授, 曾任日本防卫厅防卫研究所研究室室长, 从事中国政治、军事战略研究超过 40 年, 是该领域研究的最高权威。

杉山徹宗．中国の軍事力日本の防衛力．祥伝社，2013.

中国的军事实力与日本的防御能力

本书是关于中日军事力量的比较研究。全书共五章，第一章从导弹部队、陆海空三军实力、宇宙及网络作战能力几个方面分析中国的军事实力；第二章着眼于中国的民族政策，解析中国的国家战略，并指出日本是中国最大的作战目标；第三章考察日本陆上自卫队、海上自卫队、航空自卫队的作战能力与面临的问题；第四章批判日本当前漏洞百出的防卫体制，并质疑日美同盟的真正价值；第五章指出日本今后只能走科技强国的道路。

杉山徹宗，日本明海大学名誉教授，日本自卫队干部学校讲师。研究领域为外交史、战略论。

遠藤誉. チャイナ・ギャップ：噛み合わない日中の歯車. 朝日新聞出版，2013.

中国鸿沟：无法咬合的中日齿轮

2012 年 11 月 15 日，习近平当选中国共产党中央委员会总书记。同年 12 月 26 日，日本执政党自民党总裁安倍晋三当选日本首相。在中日新政权下，钓鱼岛问题将如何展开？围绕钓鱼岛的历史认识差距是怎么产生的？本书透过钓鱼岛问题的研究，剖析中美日关系未来走向。全书共六章，第一章按照时间脉络梳理中国的对日外交政策；第二章以开罗会议为中心，探讨钓鱼岛主权及中国的主张；第三章阐述中国爱国主义教育；第四章通过种种实例分析中国农民工、民间保钓联盟等多类型反日情绪；第五章以新一届领导班子为着眼点，分析中国对日外交政策的变化；第六章针对中美日关系做了剖析，并探讨了中国的军事力量以及中日关系的走向。

遠藤誉，出生于中国吉林。日本筑波大学名誉教授，曾任东京福祉大学国际交流中心主任，中国社会科学院社会学研究所客座研究员。

政治·社会·环境

橋爪大三郎 [ほか]. おどろきの中国. 講談社，2013.

惊人的中国

　　"国家"在中国是自古有之吗？两千多年前中国统一的原因何在？毛泽东拥有怎样的权力？冷战结束后，中国共产党的领导地位为什么没有像苏联那样终结？中国会在 21 世纪成为霸权国家吗？2011 年 9 月，本书的三位作者一同游历了上海、长沙、北京、天津等地，探访名胜古迹和平民生活，与中国学者畅谈对话。最终，这三名社会学家围绕中国社会原理、中国的过去与现在、未来中日关系等主题形成了这部对话集。本书的特色之处有四，首先，在探讨中国最初的存在状态时，不是以"民族"或"主权国家"这些源于欧洲的概念来界定，而是通过政治优先权、汉字、天、革命、儒教等概念来深入阐释；其次，在讨论毛泽东与近代中国时，探究了沉睡的大国苏醒后迈向近代化道路的过程，并从传统与近代融合的角度解析了毛泽东非凡领导力的秘密；第三，本书追溯了日本人的侵略行径，直面日本与中国之间的历史问题；第四，讨论了中国的改革开放及未来走向，分析了邓小平提出的"社会主义市场经济"得以推行的原由。

　　橋爪大三郎，日本东京工业大学名誉教授，社会学家。
　　大澤真幸，日本京都大学教授，社会学家。
　　宮台真司，日本首都大学东京教授，社会学家。

日本国際問題研究所．政権交代期の中国：胡錦濤時代の総括と習近平時代の展望．日本国際問題研究所，2013.

政权交接时期的中国：胡锦涛时代综述与习近平时代展望

本书为日本国际问题研究所 2012 年同名研究项目的成果，从经济、农村、能源、外交、国防、全球治理、政治等角度分别就中国两代领导人的执政进行了总结和预测。

全书共七章，第一章探讨中国在经济持续增长的同时必须攻克的"中等收入陷阱"和"体制转型陷阱"两大课题；第二章考察农村群体性事件，分析其发生的原因和近年来数量增加的原因；第三章围绕能源管理部门、三大国有石油公司以及"石油系"领导干部之间的相互关系，探讨胡锦涛执政时期的能源政策；第四章论述胡锦涛执政时期的外交举措与外交方针；第五章探讨胡锦涛执政时期的军事政策，并展望习近平时代的军事政策；第六章聚焦气候变化问题，分析胡锦涛执政时期中国如何参与全球治理；第七章考察习近平执政的制度保障。

日本国際問題研究所，日本前首相吉田茂元于 1959 年 12 月设立的综合性国际问题研究机构。该所在《2010 年全球智库报告》（*2010 Global Go To Think Tank Index Report*）中的亚洲智库综合排名第一。

石原邦雄［ほか］. 現代中国家族の多面性. 弘文堂，2013.

当代中国家庭的多面性

改革开放后中国经济飞速发展，中国家庭的面貌也随之日益复杂多变起来，本书旨在勾画当代中国家庭的多面性，以 2006 年在成都、南宁、上海、大连四个城市实施的大规模调查为基础，依据调查数据开展实证研究。全书有两大脉络，一是当代中日两国城市家庭之间的比较，二是中国城市家庭与农村家庭的比较，以及不同时代、不同城市之间的中国家庭比较。本书重点关注中国在户籍制度、计划生育制度、男女平等相关制度方面的政策。本书在序言中介绍了调查的概况，以及本书的议题设置、分析脉络和各章节结构。全书主体内容共九章，从代际结构、已婚者与父母同住情况、兄弟姐妹人数等方面比较了中日两国家庭间的差异，分析了夫妻关系、父母与孩子的关系问题，探讨了中日两国家庭中的性别因素、压力因素以及面对困难时的求援对象，比较了成都和上海两地的家庭结构，从不同时间点、不同城市之间以及城市与乡村之间的比较来探讨代际关系，论述了两国不同的家庭意识与家庭生活。在后记中，作者梳理了各章结论的内在联系，并探讨了本书的研究成果在中国家庭研究中的定位。

石原邦雄，日本成城大学教授。研究领域为社会学。

青柳凉子，日本淑德大学兼职讲师。研究领域为社会学。

田渊六郎，中国清华大学社会学系博士后。研究领域为家庭社会学、福利社会学。

于建明．中国都市部における中年期男女の夫婦関係に関する質的研究：ライフコース論の視点から．日本僑報社，2013.

中国城市中年夫妻关系的定性研究：从生命历程理论的视角

新中国成立后的60多年间，中国的现代化在短时期内得到快速发展，"传统""现代""后现代"等特征杂糅并存，呈现出一种"被压缩"的现代化。这种情况对社会基础组织——家庭，产生了巨大影响。从作为制度的传统家庭，向以情感为基础的现代家庭发展，继而再到以个人为核心的后现代家庭，这一过程被认为是家庭变化的一般趋势。而处于被压缩的现代化背景下的中国家庭，则在家庭角色分工、女性就业、家庭情感关系等方面与一般家庭变化趋势有所不同。本书利用生命历程理论，以城市中年人的夫妻关系为切入点，通过对35—45岁和55—65岁两个年龄层的已婚者的访谈数据进行分析，揭示了社会变迁对家庭关系，特别是夫妻关系的影响，指出中国的夫妻关系从特征上看具有西方发达国家经历过的现代家庭的一部分特征，但又在内部形成机制上有所差异。

于建明，中国清华大学社会学系博士后。研究领域为家庭社会学、福利社会学。

在中日本人 108 人プロジェクト. 在中日本人 108 人のそれでも私た
ちが中国に住む理由. 阪急コミュニケーションズ，2013.

生活在中国的 108 个日本人：我们留在中国的理由

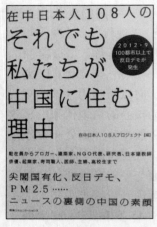

目前在华居住的日本人有 14 万，仅次于移居美国的日本人数。他们中的大多数都经历了 2012 年秋季的反日示威活动，却依然选择继续留在中国。亲眼目睹过反日示威的日本人看到了什么，他们有怎样的想法呢？"108 名在华日本人"项目组采访了居住在北京、上海、沈阳、广州等 18 个城市的 108 名日本人，其中既有十几岁的高中生，也有七十几岁的老人，既有日企派驻中国的员工、日语教师、建筑师、NGO 工作者、医生、记者，也有家庭主妇、演员、外交官、时尚博主……调查发现，在华日本人大多凭借个人力量在中国这片土地上扎根，并建立起各自的社会关系网。他们每个人都是一扇理解中国的窗口，本书旨在通过日本人口中的关于中国和中国人的多样化描述，使日本对邻国中国有更深的理解，也希望下一代人能打造出比当今更好的中日关系。

在中日本人 108 人プロジェクト（"108 名在华日本人"项目组），是为本书的撰写而成立的项目组，成立于 2013 年 4 月，分为北京和上海两个小组。本书的责任编辑有《读卖新闻》中国总局局长加藤隆则等人。

竹内実，桜美林大学北東アジア総合研究所．変わる中国 変わらぬ
中国．桜美林大学北東アジア総合研究所，2013.

变化的中国 不变的中国

竹内实是日本中国研究的泰斗，被誉为日本
"毛泽东学"的权威和"现代中国研究第一人"。
2013 年 7 月 30 日逝世。本书收录了竹内实的演讲
稿、论文以及多位日本中国学家撰写的追悼文，并刊
载了大量珍贵照片。

全书共四大部分，第一部分为竹内实关于中国的
三篇演讲，分别是《竹内实"中国论"自选集（三
卷）》完成后的讲话、《竹内实"中国论"自选集》
及《手机》（刘震云著、竹内实监译）出版纪念演
讲，以及关于"中国形象"的演讲；第二部分为中
国研究论文，主要选自樱美林大学东北亚综合研究所
的出版物，内容涉及奥运会、新中国成立 60 周年、财神、关公、上海世博会、
中日关系等；第三部分为悼文部分，日本外交家、"知华派"人物宫本雄二，
中国近现代史专家安井三吉，中国文学翻译家、佛学名誉教授吉田富夫，苍苍
社社长中村公省等在追忆竹内实生平及作品的同时，也论及中日关系；第四部
分收录了竹内实先生及其追悼会的相关资料。

竹内实（1923—2013），出生于中国山东。京都大学名誉教授，曾任东京都
立大学、立命馆大学、北京日本学研究中心、杭州大学日本文化研究所等机构
的讲师、研究员以及日本现代中国研究会会长。研究领域为中国文学、当代中
国社会。

桜美林大学北東アジア総合研究所（樱美林大学东北亚综合研究所），所
长为川西重忠教授，委员有樱美林大学副校长大越孝、早稻田大学第十二任校
长西原春夫、筑波大学名誉教授进藤荣一等。

经济·资源·发展

大桥英夫，21 世纪政策研究所. ステート・キャピタリズムとしての中国：市場か政府か. 勁草書房，2013.
国家资本主义在中国：市场还是政府？

当前，中国经济虽有放缓的倾向，但总体上仍保持较高的增长速度。在这一飞速发展的背后，存在着一种特殊的经济体制，本书称之为"中国模式"，亦即"国家资本主义"。它依附于国有企业和地方政府等公共部门。然而，在经济飞速发展的背后，也出现了公共资本投资比例过高、收入差距扩大、环境污染、腐败蔓延、示威频发等现象，据此，质疑"中国模式"有效性和可持续性的声音日渐高涨。中国的现有体制能支撑经济的持续发展吗？日本 21 世纪政策研究所基于这一课题，于 2008 年启动了为期五年的中国研究项目，每年出版一部汇集当年研究成果的著作，本书是该项目的最后一部成果专集。全书共七章，执笔者均是日本著名中国学家，他们从国有企业、民营企业、地方分权、收入差距、对外经济、人民币、共产党体制等多个角度评价和分析"中国模式"，并对其未来走向进行了展望。

大桥英夫，日本专修大学经济学院教授。研究方向为中国政治经济、中美日关系等。

21 世纪政策研究所，成立于 1997 年，是一家研究公共政策的智库。研究领域包括综合战略、政治与社会、财政金融、社会保障、行政改革、经济法制、产业技术、环境与能源、劳动关系、外交等。

21 世纪政策研究所中国研究项目的其他四部出版物：
大桥英夫. 変貌する中国経済と日系企業の役割. 勁草書房，2012.
朱炎. 中国経済の成長持続性：促進要因と抑制要因の分析. 勁草書房，2011.
朱炎. 国際金融危機後の中国経済：内需拡大と構造調整に向けて. 勁草書房，2010.
杜進. 中国の外資政策と日系企業. 勁草書房，2009.

副島隆彦. それでも中国は巨大な成長を続ける. ビジネス社, 2013.
无论如何中国都将继续飞速发展

与逐步衰退的美国相比，中国正一刻不停地持续发展。自 20 世纪 80 年代以来的 30 年，进驻中国市场的日本企业达到了 25000 家。2011 年日本对华出口额达到 12.5 万亿日元，进口额为 14.5 万亿日元，均居日本对外贸易的首位。随着 2012 年钓鱼岛争端升温，中日关系高度紧张，在华日企中约有 12%（3000 家）意欲"撤离中国"。本书是作者赴中国重庆、成都进行实地调研的成果，从国家战略的角度分析了日本与中美两国的相处之道，以及今后世界的走向。作者认为，若离开巨大的持续增长的中国市场，日本将会走投无路。日本不应该轻视与中国的友好往来，即便已经被卷入政治纷争，也应遵循利益最大的经济法则。作者坦言从 20 年前就开始极力主张"同是亚洲人，互不打仗"，并且强调中日关系越是紧张，越需要更多的反战声音来确保"中日不战"。

副岛隆彦，评论家，毕业于早稻田大学法学院，创办了副岛国家战略研究所（SNSI），成为日本第一个民间国家战略家。

加藤弘之［ほか］. 21 世紀の中国 経済篇 国家資本主義の光と影.
朝日新聞出版，2013.

21 世纪的中国 经济篇 国家资本主义的光与影

本书认为 21 世纪的中国经济就其特征来看属于国家资本主义。全书共七章，从经济体系运行机制的宏观角度，国有企业特性的微观角度，以及国际环境下中国企业和政府的举措这一全球角度多方位立体描绘了中国国家资本主义的样貌并对其未来发展趋势做了展望。

本书第一章分析了 21 世纪中国国家资本主义的特征，并对其所在问题进行论证；第二章梳理了国有企业改革的过程，从宏观数字与政策层面分析是否存在"国进民退"的现象；第三章论述了中国国有经济和民营经济并存的混合经济体制是如何形成和运转的；第四章选取若干富有特色的产业，通过实例分析了混合体制的实际运作情况；第五章剖析了全球化下中国企业的现状，并以资源和能源领域为例，阐明了同时追求国家利益和商业利益的国有企业在经营上的特征；第六章评价了中国应对国际经济摩擦和国际经济秩序重组局面的举措；第七章论述了"中国模式"的可持续性，并展望国家资本主义的未来走向。

本书基于佳能全球战略研究所中国研究会的研究成果，是"21 世纪的中国"三部曲之一，另外两卷分别为《21 世纪的中国 军事·外交篇》《21 世纪的中国 政治·社会篇》。

加藤弘之，日本神户大学经济学研究科教授。
渡邉真理子，日本贸易振兴机构亚洲经济研究所主任研究员。
大橋英夫，略。

下村恭民，大橋英夫；日本国際問題研究所．中国の対外援助．日本
経済評論社，2013.

中国的对外援助

20世纪50年代初中国开始对外援助，在70年代中期进入停滞期，90年代后日渐活跃，随着1994年中国进出口银行的成立以及政府补贴等优惠措施的实施，中国的对外援助进入飞速发展期。21世纪以来中国政府实施走出去战略，如何在全球范围内开展对外援助与经济合作，成为中国极其重要的战略课题。

本书基于日本国际问题研究所"中国的对外援助知识交流项目"的研究成果，旨在从多个角度，通过客观数据与事实综合评价中国的对外援助状况。全书共五大部分，第一部分阐述中国对外援助的基本情况，包括对外援助的理念、基本政策、规模及实施机制；第二部分分析中国对发展中国家的援助特点，包括亚洲地区、非洲地区的案例，探讨对外经济合作及软实力方面的援助；第三部分考察20世纪90年代中期以后中国所追求的援助、投资、贸易一体化的模式，包括这一模式形成的过程及前景；第四部分从多个角度展望中国对外援助的未来，包括在外交政策方面的作用、存在的问题以及国际合作等；第五部分总结各章节的研究结论，提出建言。

下村恭民，日本法政大学名誉教授。研究领域为经济政策。
大橋英夫，略。
日本国際問題研究所，略。

小川英治，資本市場研究会．中国資本市場の現状と課題：日中資本市場協力研究会リポート．資本市場研究会，2013.

中国资本市场的现状与课题：中日资本市场合作研究会的报告

在中国经济对世界经济影响力日益增大的同时，日本与中国在贸易、投资等方面的相互依存关系也越发显著，编者认为在这一背景下，中日之间需要在金融和资本市场领域展开更进一步的密切合作。2012年6月日本资本市场研究会召集相关领域的学者和专家，成立了"中日资本市场合作研究会"，共同分析中国资本市场的现状和特色，探讨中国资本市场与中日跨境资本交易的发展。研究会撰写了建议书，并于2013年8月访问北京时与中国国务院发展研究中心交换了意见。

本书由十个章节、两篇特稿以及相关资料构成，探讨的内容包括：中国资本市场与对外开放战略、最近的金融制度改革动向、中国资本交易自由化、中国外资企业研究、日企在华资金筹措现状及课题、中国直接投资与外币管理、人民币国际化、中国证券交易市场的全球化战略、中国本土证券清算与结算的现状及课题、今后中日经济关系研究、中国股市等。

小川英治，日本一桥大学副校长，日本财务省财务综合政策研究所研究员，日本银行金融研究所顾问。研究领域为国际金融。

资本市場研究会，成立于1985年6月，通过开展资本市场相关调查、研究、宣传、提案等工作，促进日本资本市场的发展。

元木靖. 中国変容論：食の基盤と環境. 海青社，2013.

中国的转型：粮食的基础与环境

　　本书共四部分，第一部分以水为关键词，考察了长江流域的城市布局和水资源环境史。具体分析了古代城市文明的特征和长江源头地区的环境、作为地区发展基础的水利开发史及开发方式等。第二部分以土地为关键词，探究人类活动的变化与耕地资源的关系。重点分析改革开放初期和经济快速发展阶段的土地变化情况。第三部分关注改革后产业结构调整与粮食产区结构的变化。第四部分探讨中国城市化背景下粮食产区环境的变化。随着中国经济改革的深入，中国社会传统的人与土地相处的方式迅速改变，导致各种各样的环境问题出现，包括长江三角洲地区的水环境问题，畜牧区草原破坏问题，西南地区梯田变成旅游观光地的问题。最后作者给出了解决上述问题的建议。

　　元木靖，日本立正大学经济学院教授。研究领域为环境政策、亚洲地区研究。

历史·思想·文化

奥村哲．変革期の基層社会：総力戦と中国·日本．創土社，2013.
变革期的基层社会：中国和日本的全民战争

中国的传统社会在近代以后发生了怎样的变化？抗日战争、国共内战和东西方冷战是如何逐步改变中国的？本书聚焦以农村和农民为核心的中国基层社会，探究近代中国唤醒民众国民意识，动员民众参与全民战争的过程，分析其中的中国特色，并与东亚其他国家，特别是日本进行了比较。编者认为当代中国社会的三农问题、农民工问题和民主化问题，只有被放到历史发展脉络中，才能得以准确把握。

全书共八章，第一章从全民战争体制的角度考察太平洋战争期间的日本城市和农村；第二章以四川省为例，分析战后中国的军队与社会状况；第三章以山东莒南为例，分析新中国成立之前土地改革与群众运动的情况；第四章探讨新解放区土地改革过程中农民的心态构建与历史逻辑；第五章论述20世纪50年代初期福建的农村改革和地方社会；第六章比较中国土地改革与日本农业用地改革，剖析全民战争与农业问题的关联；第七章以冀鲁豫地区为中心，考察中共根据地的权力和毛泽东的形象；第八章探究抗美援朝战争影响的扩大与深化。

奥村哲，日本首都大学东京都市教养学部、大学院人文科学研究科教授。研究领域为中国近现代史。

氷上正. 近現代中国の芸能と社会：皮影戯・京劇・説唱. 好文出版，2013.

近现代中国的戏曲与社会：皮影戏・京剧・说唱艺术

本书从历史学、戏剧学、文学、宗教学等角度探讨了近现代中国戏曲的变化及相应的社会背景。全书共收录了8篇论文，包括《近代江南的村落社会与戏剧：以宣卷和堂名为中心》（佐藤仁史，一桥大学）、《太湖流域渔民的香头和赞神歌：非物质文化遗产的登记和创造出来的"传统"》（太田出，广岛大学）、《论皖南皮影戏的传播、变化及其特色》（千田大介，庆应义塾大学）、《平水大王和招宝七郎》（二阶堂善弘，关西大学）、《从档案资料看1950年代中国的皮影戏：以河北省注册登记工作为中心》（户部健，静冈大学；山下一夫，庆应义塾大学）、《黑龙江省皮影戏的体系和传承》（山下一夫，庆应义塾大学）、《古装新戏的诞生：〈嫦娥奔月〉首次演出的来龙去脉与古装的由来》（平林宣和，早稻田大学）和《北京相声的现状考察》（氷上正，庆应义塾大学）。

氷上正，日本庆应义塾大学教授，研究领域为中国文学。

川勝博士記念論集刊行会. 川勝守·賢亮博士古稀記念東方学論集.
汲古書院，2013.

川胜守·贤亮博士古稀纪念东方学论文集

　　川胜守教授是日本明清史研究领域的著名学者，长年潜心钻研以中国为中心的亚洲地区的政治史、经济史和文化史。本书为川胜守教授古稀之年纪念论文集，收录了川胜守教授的研究成果和相关年表，以及与他共事的研究员和门下学生的论文。

　　本书共收录 40 余篇论文，内容涉及田齐的军事外交战略、西汉初期和后半期的诸侯、汉武帝政治制度史、汉代的身份标识、寇谦研究、魏晋南北朝的正统性、五胡北朝时期服饰研究、香炉和观音像研究、中日韩的多宝塔、东亚古代鸟兽图案家徽、元代首领官职类别、宋金时期银钱的使用状况、锦衣卫研究、明代倭寇之乱下的寺院状况及其社会救济、清朝康熙年间朝廷决策与奏折政治研究、乾隆小制钱、黄遵宪的日本史研究、南京国民政府时期的警察讲习所等。

　　川勝博士記念論集刊行会，以出版川胜守及其同事和弟子的中国历史研究论文为职责，以传承、延续川胜守先生的学术研究和治学风范为己任。

村田忠禧. 日中領土問題の起源：公文書が語る不都合な真実. 花伝社，2013.

中日领土争端的起源：明治政府公文揭示的真相

　　本书作者村田忠禧是中共党史及毛泽东研究专家，在钓鱼岛问题上一贯主张"主权归中国所有""钓鱼岛非日本或琉球的附属岛屿"。本书以明治时期日本政府的各类公文为依据考察了明治政府占有钓鱼岛的过程。作者在日本外务省、内务省和防卫省等部门的"日本外交文书""亚洲历史资料中心"数据库中查找、分析了大量公文资料，以及琉球、日本和中国文献中的岛屿资料，探究了琉球·冲绳与日本明治政府和清代中国的关系，指出琉球的领土划界很明确，不包含钓鱼岛，钓鱼岛及其相关岛屿均为中国所有。作者在本书篇后记中批判日本政府、媒体和学者丢掉了以事实为基础的理性判断，缺乏倾听对方主张的冷静态度，驳斥了"中日之间不存在领土问题""钓鱼岛是日本的固有领土"等观点。

　　村田忠禧，日本横滨国立大学名誉教授。研究领域为中国现代史、中共党史、中日关系。

岡本隆司．近代中国史．筑摩書房，2013.

近代中国史

中国在近代确立了货币体系、财政制度和市场秩序，因此，若想了解中国是什么样的国家，就必须从中国近代史里寻找答案。本书以经济史视角俯瞰16世纪之后的中国，分析了曾经遥遥领先于世界的中华帝国为何在近代化问题上落后于世，以及当代中国的社会矛盾根源到底在何处。

作者指出，华北是传统的游牧地区，江南则通过海洋与外界相连，中国历史上南北数度分裂，如何实现统一是历代王朝的一大课题。纵观中国发展脉络，统治者的治国方针或选择发展经济，或选择统一大业，两个目标从未完美并存，这也是当代中国的发展困境。全书共分四章及序言、后记，序言题为"中国经济与近代中国史"，第一章探讨了中国的环境与经济，第二章论述了中国的社会结构，第三章阐述了明清时代中国传统经济，第四章分析中国国民经济状况，后记主要探究中国革命的本质。

岡本隆司，日本京都府立大学文学院副教授，研究领域为中国近代史、东亚国际关系史。

岡田英弘. 康煕帝の手紙［増補改訂版］. 藤原書店，2013.

康熙帝的书信［增补修订版］

康熙帝（1654—1722）为清朝入关后第二位皇帝，在位 61 年零 10 个月，是中国历史上在位时间最长的皇帝，在执政期间奠定了大清帝国的基础。17世纪康熙帝三次征战蒙古准噶尔部，本书通过分析康熙帝三次远征期间写给留在北京的皇太子的书信，刻画了平定噶尔丹的康熙帝的形象，同时也描绘了当时东亚的历史画卷。

本书的序言在世界历史的背景下概述了大清帝国。第一章以"中国的明君和草原上的英雄"为题，介绍了康熙帝与噶尔丹之间矛盾的由来。第二至四章通过康熙帝发自战争最前线的书信内容最大限度地追溯、还原三次远征的历史全貌。第五章描述了康熙征战期间皇子们的成长经历以及他们之间的权力争夺，以康熙帝驾崩和雍正帝即位为本章画上句点。本书在正文之后附上了作者发表过的相关学术论文六篇，内容涉及康熙帝满文书信、噶尔丹之死、康熙帝与天文学和传教士的关系等，此外本书还附有最新出版的满文相关史料、年表、地图、索引等。

岡田英弘，日本东京外国语大学名誉教授，东洋文库研究员，日本历史学家。研究领域为满洲史、蒙古史。

相关版本
岡田英弘. 康煕帝の手紙. 中央公論社，1979.

宫脇淳子. 真実の満洲史, *1894—1956*. ビジネス社, 2013.

真实的满洲史：1894—1956

满洲为何称为满洲？旅顺大屠杀的真相是什么？关东军有什么阴谋？日本与欧美的殖民地政策最大的不同之处是什么？……本书围绕这些疑惑，解读了从1894年中日甲午战争开始到1956年运送被中国政府释放的首批日本战俘的船只驶入京都舞鹤港（1956—1964年中国陆续释放了全部日本战俘）为止的这段历史。作者主张跳离中国和日本的历史观，从世界史的角度解读史料，重新审视日本人的国家观、民族观、亚洲观，剖析满洲历史的真相。

作者在序言里提到，本书最大的关注点是"中国大陆与日本的关系"，而这却是"战后日本人一直规避的、不擅长的研究领域，如何看待满洲历史，是判断日本人历史观的一面镜子"。本书是作者于2011年11月出版的《真实的中国史：1840—1949》（真実の中国史）续篇，《真实的中国史》一书截至2012年年底共印刷六次，颇受日本读者关注。

宫脇淳子，日本东京外国语大学、国士馆大学兼职讲师。研究领域为东洋史。

貴志俊彦［ほか］，近現代資料刊行会．中国占領地の社会調査Ⅱ．
近現代資料刊行会，2013.

中国占领地的社会调查Ⅱ

"中国占领地的社会调查"系列丛书收录抗日战争爆发前日本在中国占领地开展的各种调查的成果，以及抗日战争时期满铁、新民会、兴亚院等占领政策立案和实施机构、团体的调查记录，并对数量众多的调查资料按照调查目的进行了系统的分类整理。该系列丛书于 2010 年至 2011 年出版了《中国占领地的社会调查Ⅰ》，内容为社会文化类，共 34 卷加附录 1 册，收录了医疗卫生、文化教育、社会事业、宗教思想、百姓生活、女性研究等方面的调查资料。本书内容为政治经济类，共 45 卷加附录 1 册，围绕资源、农村、城市基础设施、常规工商业、治理结构等主题，梳理了道路建设、矿山、不动产等多个领域的调查资料，是不可多得的宝贵史料。

贵志俊彦，日本京都大学教授。研究领域为东洋史。

近现代资料刊行会，主要职责是调查、挖掘散落的历史资料，特别是近现代史资料，并加以系统整理和出版发行。

青木茂. 万人坑を訪ねる：満州国の万人坑と中国人強制連行. 緑風出版，2013.

寻访万人坑：侵华日军劳役中国人的暴行

自 2000 年开始，作者几乎每年都去中国东北地区走访，探寻伪满洲国时期遗留的"万人坑"。在实地调查的过程中，作者进一步证明了"万人坑"中埋葬的正是日本企业所拥有的矿山和建筑工地上因残酷的劳役、恶劣的环境和抵抗行为而被杀害的中国劳工。全书共分五个章节，第一章阐述"万人坑"的由来以及日本的侵略本质；第二至四章分别记载了作者探访辽宁、吉林和黑龙江的多个"万人坑"，惨案发生地，纪念馆的情况；第五章追溯了河北兴隆在日军"三光政策"下的悲惨历史，并记录了日本士兵西尾克己的谢罪。作者撰写本书意在向日本人传达这段不能忘却的历史，同时也希望能唤醒民众认清日本首相安倍晋三妄图篡改历史的丑恶行径。

青木茂，日本和平思考行动会（平和を考え行動する会）、抚顺奇迹继承会（撫順の奇蹟を受け継ぐ会）会员。

秋吉久紀夫．中国現代詩人論．土曜美術社，2013.

论当代中国诗人

作者的代表作《变革期的诗人们：当代中国诗人论》（変革期の詩人たち：現代中国詩人論）1964年由饭塚书店出版，本书在此基础上重新编排，并加入部分新作，包括 1992 年至 2009 年间发表的 12 篇论文和 1 篇访谈。

本书论及的诗人大多经历过战争与革命，他们的个人命运与中国当代史紧密相连。其中包括被日军逮捕后创作狱中诗的戴望舒，被当作政治犯逮捕后以狱中经历为题材创作叙事长诗的艾青，在日军空袭的岁月里埋头歌德、杜甫研究的冯至等等。此外，本书还论及爱国主义诗人、翻译家，曾随中国缅甸远征军担任翻译的穆旦，在缅甸战线从军的诗人丸山丰，以及诗人小熊秀雄与中国留学生的交往。

秋吉久紀夫，日本著名的中国文学研究家、翻译家，日本九州大学名誉教授。

相关版本

秋吉久紀夫．変革期の詩人たち：現代中国詩人論．飯塚書店，1964.

三山陵. フルカラーで楽しむ中国年画の小宇宙：庶民の伝統藝術. 勉誠出版，2013.

中国年画精粹：老百姓的传统艺术

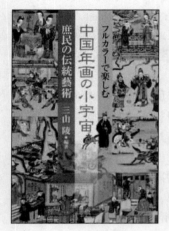

年画是东亚地区的一种民间美术形式，起源于中国，因伴随着新春趋吉避凶的活动产生，故名年画。年画不仅是祈愿吉祥如意的画，让人开心愉悦的画，还是可以用来教育子女的画，受到了从富裕阶层到贫苦大众的广泛欢迎。年画含有祝福新年吉祥喜庆之意，也描绘出老百姓对美好幸福生活的向往。同时它还是一种凝缩了中华民族传统思想文化与价值观的老百姓喜闻乐见的艺术形式。

本书收录的年画精选自早稻田大学中央图书馆收藏的中国民间版画，包括出自中国古典文学《三国演义》《封神演义》《白蛇传》等经典著作中的人物主题年画，以及其他描绘了百姓各种愿望的年画。如今这些年画市面上已不多见，是非常珍贵的藏品。此外，本书还附有中国古典文学研究者以及中国美术研究者的详尽解说，有助于人们由浅入深地了解和欣赏年画。

三山陵，日本大东文化大学兼职讲师。研究领域为中国民间美术。

山田辰雄，松重充浩．蒋介石研究：政治・戦争・日本．東方書店，2013.

蒋介石研究：政治・战争・日本

　　随着美国斯坦福大学胡佛研究所藏《蒋介石日记》的公开，蒋介石亲信整理的《蒋中正总统档案事略稿本》影印本也陆续出版，关于蒋介石的研究资料正日益充实，大陆和台湾的蒋介石研究也越发活跃，本书正是在这样的研究环境下诞生。全书收录了日本、中国大陆和台湾地区的研究学者出于各自立场，从不同角度研究蒋介石的 17 篇论文。

　　全书共分三大部分以及序言和后记，第一部分，蒋介石与日本的关系。收录了日本方面庆应义塾大学名誉教授山田辰雄撰写的《蒋介石・记忆中的日本留学》，敬爱大学国际学院家近亮子教授《蒋介石1927 年秋天的日本访问：基于〈蒋介石日记〉与日本报纸报道的分析》，国际日本文化研究中心户部良一教授《日本军人的蒋介石观》，东京大学综合文化研究系副教授川岛真《产经新闻出版的〈蒋介石秘录〉的价值》等文。第二部分的论文主要探讨蒋介石与政治的关系，收录了日本方面北九州市立大学横山宏章教授《中国革命史上的个人崇拜与蒋介石》，中央大学经济学院深町英夫教授《南昌行营争宠记：新生活运动的发起与蒋介石的派系操纵》；中国方面中国社会科学院近代史研究所研究员杨天石《1946 年政治协商会议后围绕宪法草案修订原则的论争》，浙江大学历史系教授陈红民《胡适・蒋介石关系研究论衡》等文。第三部分主要收录蒋介石与战争的关系的论文，包括日本防卫省防卫研究所战史研究中心教官岩谷将《蒋介石、共产党、日本军：20 世纪前半期中国国民党情报组织的产生与发展》，日本庆应义塾大学商学院教授段瑞聪《太平洋战争爆发前蒋介石的对外策略》，台湾学者黄自进《抗日战争的前奏：蒋介石与华北问题（1933—1937)》等文。

　　山田辰雄，日本庆应义塾大学名誉教授，研究领域为政治学、国际关系。
　　松重充浩，日本大学文理学院史学科教授，研究领域为东洋史。

矢嶋美都子．佯狂：古代中国人の処世術．汲古書院，2013．

佯狂：古代中国人的处世之道

生于中国古代乱世之人，为避世安身而选择到远离人群的山中或海边隐居。事实上，除了这种归隐的方式之外，还有另一种避世的方式，即"被发佯狂"（即披头散发，假做癫狂之意），做一名"狂生""狂士"。他们表面故作癫狂，实则坚持自己的志向和正义，在乱世中痛快地过活。佯狂的鼻祖就是警告孔子现世无德、参政危险的楚国狂人接舆。唐朝李白曾有诗云"我本楚狂人，凤歌笑孔丘"，楚狂接舆的形象在不同时代的诗歌中皆有出现但寓意不同。佯狂的生存方式为何能在乱世中作为一种处世之道得以存在呢？本书以接舆为起点，介绍"被发佯狂"的起源，并考察随着时代推移"佯狂"形象的变化以及人们对"狂士"观念的改变，论证了中国古代"佯狂"这一生存方式的存在意义及社会功能。

矢嶋美都子，日本亚细亚大学法学院教授。研究领域为中国文学、外语教育。

手代木有児．清末中国の西洋体験と文明観．汲古書院，2013.

清末中国的西洋体验与文明观

　　中国传统的知识分子曾将中华文明视为唯一的、普世的文明，并借由道德、政治和文化秩序来实现社会的安定和谐。然而清末的洋务运动使中国知识分子认识到原来世界上还存在着与中华文明具有本质区别的西洋文明。本书作者通过整理、研究相关史料，考察了洋务运动时期中国知识分子文明观的转变过程。作者指出，导致清末中国知识分子改变世界认知的契机有两个，一是来华传教士的出版和教育活动使得关于西方的信息迅速传播，与此同时，清廷派驻国外的使节也带回了他们对西方世界的观察和体悟；二是欧美各国和日本对中国的竞相掠夺使得中国传承千年的思想文明开始崩塌。本书主要内容分三大部分，第一章阐述鸦片战争之后中国知识分子对世界的认识和他们在洋务运动时期的西洋体验，第二章探讨刘锡鸿、郭嵩寿等驻外使节在出使前后自我世界观的变化，第三章分析薛福成、张德彝、钟天纬等驻外使节新的文明观的形成过程。

　　手代木有児，日本福岛大学教授。研究领域为中国近代思想史。

天児慧. 中華人民共和国史［新版］. 岩波書店，2013.

中华人民共和国史［新版］

本书生动地描述了波澜壮阔的中国近现代史。全书共分七个章节及前言、后记，具体内容包括土地改革，抗美援朝，过渡时期总路线等新中国诞生后的经济和军事战略；与苏联的合作与分裂，大跃进，人民公社运动等社会主义建设时期的挑战与挫折；经济调整与毛泽东的危机意识，外交路线的转变，十一届三中全会标志着现代化建设的开启等；改革开放，冷战与"冷战"结束后的国际关系，邓小平南方谈话，政治经济体制改革，中美关系与台湾问题等中国再度崛起的历程和面临的问题。

本书为1999年出版的《中华人民共和国史》的修订版，旧版本曾作为日本全国各地大学的辅助教材使用。此次发行的新版，增补了旧版刊行后14年间有关中国发展的新内容，并分析了在新领导班子带领下的中国新动向。

天児慧，日本著名中国问题专家，早稻田大学教授，早稻田大学亚太研究生院院长。研究领域为中国政治、当代中国、东亚国际关系。

相关版本

天児慧. 中華人民共和国史. 岩波書店，1999.

王雪萍．戦後日中関係と廖承志：中国の知日派と対日政策．慶應義塾大学出版会，2013.

廖承志与战后中日关系：中国的知日派与对日政策

廖承志出生在日本，战后在周恩来手下负责对日工作和情报收集。本书为日本第一部研究廖承志及其工作团队的论著，其研究目的在于：第一，分析新中国成立以后至 1972 年中日邦交正常化之前的对日政策，以及以廖承志为代表的中国知日派群体和知日人才培养；第二，解析知日派向上建言献策与毛泽东、周恩来等国家领导人下达对日方针指令之间的互动关系；第三，探究中国知日派对日本政府和台湾当局的认识以及对中日关系和国共关系的处理。

全书共分三大部分，第一部分概述了廖承志的生平，并基于中国外交部和上海市档案馆的档案，以及对各部门负责日本业务的人员的访谈，还原了中国政府对日政策的制定和执行过程。第二部分以 1964 年 8 月中方在日本设立廖承志办事处驻东京联络处（"廖办"）为中心，分析了中国知日派在日本开展的工作，并探讨了日本政府和台湾当局的反应。第三部分为国内学者对"廖办"工作的评价。在增补篇中，本书通过对原外交部日本处处长丁民和周恩来的翻译周斌的访谈，描绘了他们眼中廖承志的形象。

王雪萍，日本东京大学教养学院副教授。研究领域为战后中日关系史。

小林隆道. 宋代中国の統治と文書. 汲古書院，2013.
宋朝的治理与公文

　　纵观世界历史发展变迁，可注意到欧亚大陆东西方王朝（国家）统一和分裂的周期在某一时间点之前基本一致，但在这一时间点之后大陆西侧的欧洲继续维持分裂的状态，各个国家的实力也趋于均衡，而大陆东侧的中国虽然发生了王朝更迭，但均继承了前朝的疆域，并且维持着统一状态。具体而言，中国在宋朝以前经历了漫长的分裂时期，而宋灭亡之后，出现混乱、分裂的时期变得极其短暂，如今的新中国也基本延续了清朝的领土版图。如此辽阔的中国为何自宋朝之后就不再分裂呢？作者认为解答这一疑问的线索在于对宋朝治理的研究。本书通过研究公文"信息传达"的功能来考察宋朝社会治理的具体情况。全书共三大部分，第一部分探究宋朝的治理与公文使用的关系，第二部分研究宋、金石刻公文，第三部分分析宋朝地方行政公文管理与三级制地方行政体制的关系。

　　小林隆道，日本早稻田大学文学学术院、理工学术院外聘讲师，明治大学理工学院讲师。研究领域为宋代史、中国地方统治制度史、公文研究等。

法文著作提要

外交·国防·安全

Holtzinger, Jean-Marie. *Chine*, *Iran*, *Russie*: *un nouvel empire mongol*? Lavauzelle, 2013.

中国、伊朗、俄罗斯：新蒙古帝国？

本书提出了"新蒙古帝国"概念，借中世纪横跨欧亚大陆的蒙古帝国来描绘如今日益成型的中国、伊朗、俄罗斯联盟，三国联盟已经或隐或现地在周边冲突（叙利亚、朝鲜）中逐渐显露，他们组成了真正的利益团体，并在互联网上输出与西方不同的世界观。本书从历史和当下出发，试图梳理出三国联盟未来的趋势和图景。不过作者也指出，出于种种原因，中、伊、俄三国不可能重现当年的蒙古帝国。实际上，三国联盟绕开了曾经将他们联系在一起的土耳其文明——俄罗斯和中国国内都有难以掌控的突厥后裔聚居区（高加索和新疆），伊朗则将土耳其视作区域竞争对手。此外，作者还指出了这三个国家都面临的人口和海军实力问题。在人口问题上，俄罗斯出生率下降而死亡率高企，中国的计划生育政策导致人口老龄化趋势严重，伊朗的出生率也逐年大幅下滑。在海军实力方面，俄罗斯海军实力分布不均，主要集中在能源和食物充足的南部地区（里海和黑海）；伊朗还在发展海军和核能之间徘徊；而中国历来不重视海军的建设。

Jean-Marie Holtzinger，中俄关系专家。

Paris, Général Henri. *L'oncle Sam et le mandarin.* Nuvis, 2013.
山姆大叔与龙的传人

中国是一个新兴大国，在实现了区域地位的抱负之后，又寄望成为全球大国，以致与美国之间产生了不可避免的对抗。美国为此把战略重心转移到亚太地区，一山难容二虎的古谚再次被印证。

本书详细解析了中美两国的政治、经济和战略发展。作者认为导致两个大国对抗的导火索是经济竞争。除此以外，在科学技术的发展上两国也是你追我赶。两国间的军备竞赛亦已启动，特别是在反导系统、核武、太空和网络战争领域。目前看来，亦敌亦友的山姆大叔和龙的传人之间的战争似乎还远未结束。本书的结论是，中美之间不太可能爆发大规模的直接战争，在经济、地缘政治或精准战术核打击层面发生对抗的可能性更大。

Général Henri Paris，法国少将，政治学和地缘战略学专家，指挥法国第二装甲师，也为决策机构提供顾问服务。

政治·社会·环境

Allès, Élisabeth. *L'islam de Chine：un islam en situation minoritaire.*
IISMM，2013.
中国伊斯兰教：少数派宗教

本书描述了散布在中国各地的穆斯林的生活情况，包括中原地区与汉人混居并和平共处的回族人，正在寻根路上的浙江回族人，广州、香港一带的穆斯林，来自印巴地区的维吾尔和回族移民，以及突厥的后裔新疆维吾尔人。本书还描述了那些越过国境线去到吉尔吉斯斯坦、哈萨克斯坦和乌兹别克斯坦等国定居和经商的东干人和维吾尔人的生活。然而在任何情况下，他们都能找到一种与所处形势相适应的生存战略——从抵抗、逃离到适应、共存的战略，成为自己命运的主宰。

Élisabeth Allès（1953—2012），法国汉学家，中国回族穆斯林研究专家。曾任法国国家科学研究中心（Centre National de la Recherche Scientifique）研究主任，巴黎高等社会科学研究院（école des Hautes études en Sciences Sociales）近现代中国研究中心主任。

Coué，Philippe. *Shenzhou*，*les Chinois dans l'espace*：*naissance d'une grande puissance spatiale*. l'Esprit du temps，2013.

神舟飞船：太空大国的诞生

本书是作者 20 年潜心关注和研究中国航天事业的成果。在本书中作者回顾了中国航天事业从无到有的过程，讲述了中国航天事业的现状，展望了中国航天事业的未来。作者认为，是国家领导人坚定的政治意愿与历代航天工程师们的坚定信念和敬业精神的相结合，使中国得以独立实现载人航天的梦想。虽然是一部航天科技著作，但本书却充满人文气息，作者除了对宇航员的个人信息、专业资质和甄选过程进行了详细介绍以外，还用大量的篇幅描述了飞船升空的全过程，包括发射基地和太空舱内的设计。此外，全书还配有丰富的插图和解说。

Philippe Coué，达索航空（Dassault Aviation）项目专员，欧洲宇航员俱乐部（l'Astronaute Club Européen）主席，法国天文学会太空探索委员会（Commission de l'exploration spatiale de la Société Astronomique de France）成员。

Gombeaud，Adrien. *Dans les pas du Petit Timonier*： *la Chine*，*vingt ans après Deng Xiaoping*. Seuil，2013.

追寻舵手的足迹：邓小平逝世二十年后的中国

1992 年年初，88 岁高龄的邓小平视察了武昌、深圳、珠海、上海等地并发表了重要讲话，为中国走上有中国特色社会主义市场经济的发展道路奠定了思想基础，中国向外资和资本主义敞开了大门。与同样被称为舵手的毛泽东不同，邓小平既非魅力非凡的演说家，也不推崇个人崇拜，并且鲜有文稿和访谈记录留存。然而，他是 20 世纪最有影响力且最神秘的国家领导人之一，在中国这片大地上，他书写了最令世人震惊的传奇故事，并且故事仍在继续。作者认为，若想了解这位伟人和他的智慧才能，理解他开启的令人难以置信的改革进程，必须要重走一次南巡之路。

于是，作者踏上旅程，在邓小平到过的每一个城市停留，与沿途遇到的数十位中国人探讨他们的日常生活和未来梦想。这些人身份各异，无论他们是邓小平时期的获益者或失利者，他们都是现代中国诞生的见证者。此外，本书还穿插了邓小平从家乡四川到法国的求学之旅、革命时期的长征路，以及"文革"时被贬离北京的人生历程。

Adrien Gombeaud，东方语言和文明专业博士，记者，影评人。

Puel, Caroline. *Les trente glorieuses chinoises*: *de 1980 à nos jours*. Perrin, 2013.

中国辉煌三十年：1980 年至今

自 1980 年之后的 30 年间，中国发生了飞速转变，从"文革"中走出来的中国如今已成为世界第二大经济体，并意欲找回其曾经失去的世界地位。中国是如何实现这一转变的？这正是本书尝试回答的问题。通过对 30 年发展的逐年梳理，本书以中国经济的超速发展、政治决策者的才能、全球突发事件和欲进还退的谨慎改革为关注重点，勾勒出了中国共产党的政权和执政方略的发展变化。同时，书中还揭示了繁华背后中国面临的地缘政治和国内社会问题，以及在日益严峻的不平等现象面前，中国表现出的有心无力。本书从政治、经济、社会和文化等多重角度，解读了中国的复杂性及其对明日世界的重要性。

Caroline Puel（蒲皓琳），记者，巴黎政治学院（Sciences Po Paris）讲师，先后创建法国《解放报》和《观点》周刊中国办事处并任负责人。1997 年因对中国的报道而获得阿尔伯特·伦敦奖（Albert Londres）。

经济·资源·发展

Boillot, Jean-Joseph; Dembinski, Stanislas. *Chindiafrique*: *La Chine*, *l'Inde et l'Afrique feront le monde de demain*. O. Jacob, 2013.
中国、印度和非洲铸就的明日世界

在非洲，你或许会发现那里有那么多印度和中国的公司，或许，你会惊讶地发现，反过来也是一样，有许多非洲人和非洲的公司正如火如荼地在印度和中国蔓延。作者认为，未来 15 年内，非洲、印度和中国新三巨头传奇将取代曾经的欧、美、日三巨头传奇。到 2030 年，乃至 2050 年，世界将是什么样子？当下世界格局重组过程中的主要角色是谁？世界格局重组会导致西方国家的最终衰退，还是演变成财富俱乐部的扩大？以上就是本书试图回答的问题。书中讨论了全球化发展的多个层面，包括人口增长、移民潮、科技创新、自然资源的争夺等等，作者试图厘清其中的风险和机遇。在本书两位作者看来，欧美日面临的挑战，是在王牌已经易手的新经济环境中找到自己的位置；中国则已经趋于稳定发展，而印度和非洲也将在未来几十年间释放所有活力。

Jean-Joseph Boillot，经济学家，社会学家，欧印经济与商业集团（Euro-India Economic & Business Group）联合创办人。

Stanislas Dembinski，记者，经济和金融专家。

历史·思想·文化

Bourdin, Juliette. *Entre porte ouverte et "porte fermée": la politique chinoise des états – Unis du XIXe au XXIe siècle.* Presses Sorbonne nouvelle, 2013.

在"开门"与"关门"之间：19 至 21 世纪的美国对华政策

　　21 世纪初中美关系已经成为国际关系的核心。自冷战结束后，美国一直享有世界唯一超级大国地位，然而中国的飞速发展对美国的地位构成严重威胁，以致诸多观察家认为，中国是未来唯一能挑战美国的国家。为了争夺世界第一，中美两国是否会直接对抗？对于这一前所未有的、潜在的危险趋势，本书提供了一个历史视角的解答。从 19 世纪中国的鸦片战争和美国的排华法案，到 20 世纪中美抗战的短暂联盟、美国插手中国内战、朝鲜战争、两国外交断裂、尼克松访华、中美关系正常化等跌宕起伏的发展变化，再到 21 世纪两国经济、外交战略的大转变，作者通过梳理中美之间自 19 世纪以来的沉重而复杂的历史关系来阐释当下及未来的中美关系。

　　Juliette Bourdin，巴黎第八大学（l'Université Paris VIII-Vincennes-Saint Denis）美国文化讲师。

Campo，Daniela. *La construction de la sainteté dans la Chine moderne：la vie du maître bouddhiste Xuyun.* Belles lettres，2013.

成为圣人：佛学大师虚云的一生

怎样才能在现代中国成为一个圣人？这是本书写作的出发点。本书以历史文献资料和虚云弟子的回忆为基础，兼顾史学研究方法与宗教人物传记写作方法，重现了近代中国佛教史上最受人尊敬的虚云大师的一生。虚云禅师（1840—1959）历经四朝五帝，受尽九磨十难，坚持苦行长达百余年，以一身兼承禅门五宗，有禅宗泰斗之誉。虚云是一位苦行僧、奇迹缔造者、睿智的大师、杰出的僧人和专制的殉道者。他的一生反映了当时中国佛教界的生存方式以及政治和社会动荡对他们的影响，也折射出当时中国社会在传统与现代中挣扎的焦虑不安的时代氛围。本书讲述的不只是虚云的故事，而是一个宗教人物之于历史的意义，以及历史是如何被书写并不断被改写的故事。

Daniela Campo，历史学家，中国学家，法国巴黎高等研究实践学院（l'Ecole Pratique des Hautes Etudes）宗教史博士，社会、宗教、世俗化研究小组（Groupe Sociétés，Religions，Laïcités）成员。研究领域涉及近代中国佛教史，中国宗教和世俗精英。

Chaussende，Damien. *La Chine au XVIII siècle*：*l'apogée de l'empire sino-mandchou des Qing.* Belles lettres，2013.

十八世纪的中国：大清帝国的巅峰

　　18 世纪被满族人统治的中国可能是当时世界上最大的帝国了，它不仅继承了明朝的疆域，还将满族人聚居的满洲以及如今的新疆、蒙古和西藏地区纳入其版图中。政治稳定和经济繁荣造成了前所未有的人口大增长，在 18 世纪末达到了 3 亿人口数量。本书全面考察了清朝的历史、政治和行政组织、社会经济状况、天文历法、礼仪法度、宗教和精神生活、文化娱乐等方方面面，其间特别关注清朝的多民族性和帝王的"满族性"（mandchouité）。清朝帝王的才智和政治手腕成功地将他们塑造成多种角色：对汉人而言，他们是天子和儒家传统价值的捍卫者；对蒙古人而言，他们是大可汗；对藏人而言，他们又是真正的佛教领袖。在文化层面上，由于朝廷资助，清朝呈现出中国历史上少见的文化活力，为后世留下了丰富多样的文学和文化遗产。回顾历史，清朝并非中国历史长河中一个简单的朝代，而是一个真正的多民族、多文化交融的帝国。

　　Damien Chaussende，汉学家，法国国家科学研究中心（Le Centre national de la recherche scientifique）研究员，东亚文明研究中心（Centre de Recherche sur les Civilisations de l'Asie Orientale）成员。

Formoso，Bernard. *Costumes du Yunnan*：*identité et symbolique de la parure*. Société d'ethnologie，2013.

云南服饰：身份与象征意义

云南少数民族的服饰以其美丽和制作工艺的复杂性而闻名，在华美、繁复的工艺背后，云南少数民族的服饰还承载了丰富的信息，每一件衣服，无论是式样还是颜色的搭配，都浓缩了他们与世界的关系，反映了他们的天地观念。本书详解了云南服饰的象征体系及其成因。书中的八个研究案例，涉及人类民族语言学的多个方面，由此，作者向我们揭示了云南服饰风格变化的背后，反映的其实是在后共产主义时代旅游全球化背景下的政治和民族利害关系，以及文化适应过程中各民族群体间的力量对比。

Bernard Formoso，巴黎第十大学（l'Université Paris Ouest Nanterre La Défense）人种学教授，东南亚少数民族研究专家。

附　录

英文著作目录

外交·国防·安全

1. Adem, Seifudein. *China's diplomacy in Eastern and Southern Africa.* Ashgate, 2013.

2. Bader, Julia. *China's foreign relations and the survival of autocracies.* Routledge, 2013.

3.* Beckman, Robert C. [et al.]. *Beyond territorial disputes in the South China Sea: legal frameworks for the joint development of hydrocarbon.* Edward Elgar, 2013.

4. Beeson, Mark; Li, Fujian. *China's regional relations: evolving foreign policy dynamics.* Lynne Rienner Publishers, Inc., 2013.

5. Bruyninckx, Hans [et al.]. *The governance of climate relations between Europe and Asia: evidence from China and Vietnam as key emerging economies.* Edward Elgar, 2013.

6.* Chan, Stephen. *The morality of China in Africa: the middle kingdom and the dark continent.* Zed Books, 2013.

7. Chan, Yuk Wah. *Vietnamese-Chinese relationships at the borderlands: trade, tourism and cultural politics.* Routledge, 2013.

8. Corkin, Lucy. *Uncovering African agency: Angola's management of China's credit lines.* Ashgate, 2013.

9. Daniels, Christopher L.. *South China Sea: energy and security conflicts.* The Scarecrow Press, 2013.

10. Das, Krishnasri. *China and Central Asia: political, economic and security co-operation.* New Century Publications, 2013.

11.* Deodhar, P. S.. *Cinasthana today: viewing China from an India eye.* Tata McGraw Hill Education, 2013.

12. Dewan, Sandeep. *China's maritime ambitions and the PLA Navy.* United Service Institution of India, 2013.

13.* Dobson, Wendy. *Partners and rivals: the uneasy future of China's relationship with the United States.* University of Toronto Press, 2013.

14. Dong, Lisheng [et al.]. *China and the European Union.* Routledge, 2013.

15. Doyle, Randall Jordan. *The geopolitical power shift in the Indo-Pacific region: America, Australia, China, and triangular diplomacy in the twenty-first century.*

Lexington Books, 2013.

16.* Eder, Thomas Stephan. *China-Russia relations in Central Asia: energy policy, Beijing's new assertiveness and 21st century geopolitics.* Springer, 2013.

17. Feldman, Noah. *Cool war: the future of global competition.* Random House, 2013.

18.* Freeman, Charles W. Jr.. *Interesting times: China, America, and the shifting balance of prestige.* Just World Books, 2013.

19.* Hall, Gregory Otha. *Authority, ascendancy, and supremacy: China, Russia, and the United States' pursuit for relevancy and power.* Routledge, 2013.

20.* Hayes, Jarrod. *Constructing national security: U. S. relations with India and China.* Cambridge University Press, 2013.

21. Huang, Xiaoming; Patman, Robert G.. *China and the international system: becoming a world power.* Routledge, 2013.

22.* Inoguchi, Takashi; Ikenberry, G. John. *The troubled triangle: economic and security concerns for the United States, Japan, and China.* Palgrave Macmillan, 2013.

23.* Jones, David Martin [et al.]. *Asian security and the rise of China: international relations in an age of volatility.* Edward Elgar, 2013.

24. Kachiga, Jean. *China in Africa: articulating China's Africa policy.* Africa World Press, 2013.

25. Lam, Peng Er [et al.]. *China and East Asia: after the Wall Street crisis.* World Scientific, 2013.

26. Lankford, Ronald D. Jr.. *Is China's economic growth a threat to America?* Greenhaven Press, 2013.

27. Lasonde, Karen. *The U. S. -China bilateral relationship: critical issues and developments.* Nova Science Pub Inc., 2013.

28. Li, Xing; Farah, Abdulkadir Osman. *China-Africa relations in an era of great transformations.* Ashgate, 2013.

29.* Mendes, Carmen. *Portugal, China and the Macau negotiations, 1986-1999.* Hong Kong University Press, 2013.

30. Raine, Sarah; Le Mieère, Christian. *Regional disorder: the South China Sea disputes.* Routledge, 2013.

31.* Rapkin, David P.; Thompson, William R.. *Transition scenarios: China and the United States in the twenty-first century.* The University of Chicago Press, 2013.

32. Roy, Denny. *Return of the dragon*: *rising China and regional security*. Columbia University Press, 2013.

33. Rozman, Gilbert. *Asia's uncertain future*: *Korea, China's aggressiveness, and new leadership*. Korea Economic Institute of America, 2013.

34. * Rozman, Gilbert. *China's foreign policy*: *who makes it, and how is it made?* Palgrave Macmillan, 2013.

35. Rozman, Gilbert. *National identities & bilateral relations*: *widening gaps in East Asia and Chinese demonization of the United States*. Woodrow Wilson Center Press; Stanford University Press, 2013.

36. Rupprecht, Andreas. *Dragon's wings*: *Chinese fighter and bomber aircraft development*. Crecy Publishing, 2013.

37. Shao, Binhong. *China and the world*: *balance, imbalance and rebalance*. Brill, 2013.

38. Shepperd, Taryn. *Sino-US relations and the role of emotion in state action*: *understanding post-Cold War crisis interactions*. Palgrave Macmillan, 2013.

39. Smith, Jeff M.. *Cold peace*: *China-India rivalry in the twenty-first century*. Lexington Books, 2013.

40. Sun, Yuan. *Maritime territorial disputes involving China*. Nova Science Pub Inc., 2013.

41. Tow, William T. [et al.]. *New approaches to human security in the Asia-Pacific*: *China, Japan and Australia*. Ashgate, 2013.

42. White, Hugh. *The China choice*: *why we should share power*. Oxford University Press, 2013.

43. * Wortzel, Larry M.. *The dragon extends its reach*: *Chinese military power goes global*. Potomac Books, 2013.

44. Wu, Guoguang. *China's challenges to human security*: *foreign relations and global implications*. Routledge, 2013.

45. Zha, Daojiong; Hu, Weixing. *Building a neighbourly community*: *post-Cold War China, Japan, and Southeast Asia*. Manchester University Press, 2013.

46. Zhao, Jinjun; Chen, Zhirui. *Participation and interaction*: *the theory and practice of China's diplomacy*. World Scientific, 2013.

47. Zhao, Suisheng. *The rise of China and transformation of the US – China relationship*: *forging partnership in the age of strategic mistrust*. Routledge, 2013.

政治·社会·环境

48. Attane, Isabelle. *The demographic masculinization of China*: *hoping for a son.* Springer, 2013.

49. Austermann, Frauke [et al.]. *China and Europe in 21st century global politics*: *partnership, competition or co-evolution.* Cambridge Scholars Publishing, 2013.

50. Beardson, Timothy. *Stumbling giant*: *the threats to China's future.* Yale University Press, 2013.

51.* Besharov, Douglas J.; Baehler, Karen J.. *Chinese social policy in a time of transition.* Oxford University Press, 2013.

52. Boyden, Casey M.. *Internet censorship and freedom in China*: *policies and concerns.* Nova Science Pub Inc., 2013.

53. Bu, Yuanshi. *Chinese civil law*: *a handbook.* Nomos(München); Hart(Oxford), 2013.

54.* Callahan, William A.. *China dreams*: *20 visions of the future.* Oxford University Press, 2013.

55. Callick, Rowan. *Party time*: *who runs China and how.* Black Inc., 2013.

56. Callick, Rowan. *The party forever*: *inside China's modern communist elite.* Palgrave Macmillan, 2013.

57.* Cao, Liqun [et al.]. *The Routledge handbook of Chinese criminology.* Routledge, 2013.

58.* Chan, Kwok-bun. *International handbook of Chinese families.* Springer, 2013.

59.* Chen, Fei; Thwaites, Kevin. *Chinese urban design*: *the typomorphological approach.* Ashgate, 2013.

60. Chen, Jianfu. *Criminal law and criminal procedure law in the People's Republic of China*: *commentary and legislation.* Martinus Nijhoff Publishers, 2013.

61.* Chen, Jie. *A middle class without democracy*: *economic growth and the prospects for democratization in China.* Oxford University Press, 2013.

62.* Chen, Minglu; Goodman, David S. G.. *Middle class China*: *identity and behaviour.* Edward Elgar, 2013.

63. Cheung, Chung Kwan Ackie. *Experiential education and adolescents' personal and spiritual development*: *a mixed-method study in the secondary school context of Hong Kong.* Springer VS, 2013.

64. Chiang, Howard; Heinrich, Ari Larissa. *Queer sinophone cultures*. Routledge, 2013.

65. Cho, Mun Young. *The specter of "the people": urban poverty in northeast China*. Cornell University Press, 201

66.* Chu, Ben. *Chinese whispers: why everything you've heard about China is wrong*. Weidenfeld & Nicolson, 2013.

67. Cooney, Sean [et al.]. *Law and fair work in China*. Routledge, 2013.

68. Copper, John Franklin. *The KMT returns to power: elections in Taiwan 2008 to 2012*. Lexington Books, 2013.

69.* Day, Alexander F.. *The peasant in postsocialist China: history, politics, and capitalism*. Cambridge University Press, 2013.

70. Elleman, Bruce A. [et al.]. *Beijing's power and China's borders: twenty neighbors in Asia*. M. E. Sharpe, 2013.

71. Emch, Adrian; Stallibrass, David. *China's anti-monopoly law: the first five years*. Kluwer Law International, 2013.

72. Engebretsen, Elisabeth L.. *Queer women in urban China: an ethnography*. Routledge, 2013.

73.* Fan, Hong; Lu, Zhouxiang. *The politicisation of sport in modern China: communists and champions*. Routledge, 2013.

74.* Fan, Kun. *Arbitration in China: a legal and cultural analysis*. Hart Publishing, 2013.

75. Fang, Qiang. *Chinese complaint systems: natural resistance*. Routledge, 2013.

76. Faure, Michael; Zhang, Xinzhu. *The Chinese anti-monopoly law: new developments and empirical evidence*. Edward Elgar, 2013.

77.* Fewsmith, Joseph. *The logic and limits of political reform in China*. Cambridge University Press, 2013.

78. Foot, Rosemary. *China across the divide: the domestic and global in politics and society*. Oxford University Press, 2013.

79. Foster, Lawrence [et al.]. *China law reader*. Long River Press, 2013.

80. Gao, Jia. *Chinese activism of a different kind: the Chinese students' campaign to stay in Australia*. Brill, 2013.

81.* Geall, Sam. *China and the environment: the green revolution*. Zed Books, 2013.

82. Gittings, Danny. *Introduction to the Hong Kong Basic Law*. Hong Kong University Press, 2013.

83. Goodman, David S. G.; Chen, Minglu. *Middle class China: identity and behavior.* Edward Elgar, 2013.

84. Guo, Rongxing. *China's multicultural economies: social and economic indicators.* Springer, 2013.

85. Guo, Rongxing. *China's ethnic minorities: social and economic indicators.* Routledge, 2013.

86. Gurtov, Mel. *Will this be China's century: a skeptic's view.* Lynne Rienner Publishers Inc. , 2013.

87. Hayes, Jack Patrick. *A change in worlds on the Sino-Tibetan borderlands: politics, economies, and environments in northern Sichuan.* Lexington Books, 2013.

88.* Hildebrandt, Timothy. *Social organizations and the authoritarian state in China.* Cambridge University Press, 2013.

89. Ho, Esther Sui-chu; Kwong, Wai Man. *Parental involvement on children's education: what works in Hong Kong.* Springer, 2013.

90.* Hu, Weixing. *New dynamics in cross-Taiwan Straits relations: how far can the rapprochement go?* Routledge, 2013.

91.* Huang, Chien-Chung [et al.]. *China's nonprofit sector: progress and challenges.* Transaction Publishers, 2013.

92. Imura, Hidefumi. *Environmental issues in China today: opportunities and threats amid rapid change.* Springer, 2013.

93. Jacka, Tamara [et al.]. *Contemporary China: society and social change.* Cambridge University Press, 2013.

94. Jin, Canrong. *China's future: the path to prosperity and peace.* Enrich, 2013.

95. Kam, Lucetta. *Shanghai lalas: female Tongzhi communities and politics in urban China.* Hong Kong University Press, 2013.

96. Kaur, Ravinder; Wahlberg, Ayo. *Identity, inequity and inequality in India and China: governing difference.* Routledge, 2013.

97. Keane, Michael; Sun, Wanning. *Chinese media: critical concepts in media and cultural studies. 4 volumes.* Routledge, 2013.

98. Kennedy, Kerry J. [et al.]. *Citizenship education in China: preparing citizens for the Chinese century?* Routledge, 2013.

99. Lagerkvist, Amanda. *Media and memory in new Shanghai: western performances of futures past.* Palgrave Macmillan, 2013.

100. Lee, Francis L. F. [et al.]. *Communication, public opinion, and globalization*

in urban China. Routledge, 2013.

101. Li, Peilin; Roulleau-Berger, Laurence. *China's internal and international migration.* Routledge, 2013.

102.* Li, Shi [et al.]. *Rising inequality in China: challenges to a harmonious society.* Cambridge University Press, 2013.

103. Li, Xiaobing; Fang, Qiang. *Modern Chinese legal reform: new perspectives.* University Press of Kentucky, 2013.

104. Li, Xiaoming. *Education in China: cultural influences, global perspectives and social challenges.* Nova Science Pub Inc., 2013.

105. Li, Yeping; Huang, Rongjin. *How Chinese teach mathematics and improve teaching.* Routledge, 2013.

106. Lin, Tingjin. *The politics of financing education in China.* Palgrave Macmillan, 2013.

107.* Lin, Xiaodong. *Gender, modernity and male migrant workers in China: becoming a "modern" man.* Routledge, 2013.

108.* Link, E. Perry [et al.]. *Restless China.* Rowman & Littlefield Publishers Inc., 2013.

109. Lo, Carlos Wing-Hung; Tang, Shui-Yan. *Institutions, regulatory styles, society and environmental governance in China.* Routledge, 2013.

110. Lora-Wainwright, Anna. *Fighting for breath: living morally and dying of cancer in a Chinese village.* University of Hawai'i Press, 2013.

111. Luthje, Boy [et al.]. *Beyond the Iron Rice bowl: regimes of production and industrial relations in China.* Campus, 2013.

112.* Ma, Damien; Adams, William. *In line behind a billion people: how scarcity will define China's ascent in the next decade.* FT Press, 2013.

113. Maloney, Tracy B.; Hutchins, Boyce R.. *Yangtze River: geography, pollution and environmental implications.* Nova Science Pub Inc., 2013.

114.* Man, Joyce Yanyun. *China's environmental policy and urban development.* Lincoln Institute of Land Policy, 2013.

115. Mau, Stephen D.. *Hong Kong legal principles: important topics for students and professionals.* [2nd edition] Hong Kong University Press, 2013.

116.* McConville, Michael; Pils, Eva. *Comparative perspectives on criminal justice in China.* Edward Elgar, 2013.

117. Medeiros, Alexandre. *Human rights issues in the People's Republic of China.*

Nova Science Pub Inc. , 2013.

118. Meng, Jinmei. *On the decriminalization of sex work in China*: *HIV and patients' rights*. Palgrave Macmillan, 2013.

119. Messmer, Matthias; Chuang, Hsin-Mei. *China's vanishing worlds*: *countryside, traditions and cultural spaces*. The MIT Press, 2013.

120. Miao, Bo. *Emissions, pollutants and environmental policy in China*: *designing a national emissions trading system*. Routledge, 2013.

121.* Müller, Gotelind. *Documentary, world history, and national power in the PRC*: *global rise in Chinese eyes*. Routledge, 2013.

122. Nathan, Andrew J. [et al.]. *Will China democratize?* The Johns Hopkins University Press, 2013.

123.* Ogden, Chris. *Handbook of China's governance and domestic politics*. Routledge, 2013.

124.* Osburg, John. *Anxious wealth*: *money and morality among China's new rich*. Stanford University Press, 2013.

125.* Potter, Pitman B.. *China's legal system*. Polity, 2013.

126. Powell, Jason L. *Global aging, China and urbanization*. Nova Science Pub Inc. , 2013.

127. Powell, Jason L.. *The global challenge*: *aging populations, bio-medicine and China*. Nova Science Publishers 2013.

128. Pries, Ludger. *Shifting boundaries of belonging and new migration dynamics in Europe and China*. Palgrave Macmillan, 2013.

129. Rao, Nirmala [et al.]. *Teaching in primary schools in China and India*: *contexts of learning*. Routledge, 2013.

130. Ren, Bingqiang; Shou, Huisheng. *Chinese environmental governance*: *dynamics, challenges, and prospects in a changing society*. Palgrave Macmillan, 2013.

131. Ren, Xuefei. *Urban China*. Polity Press, 2013.

132. Rey, Salvador del; Mignin, Robert J.. *Labour and employment compliance in China*. Wolters Kluwer Law & Business, 2013.

133. Riley, Nancy E.. *Gender, Work, and Family in a Chinese Economic Zone*: *Laboring in Paradise*. Springer, 2013.

134. Ruskola, Teemu. *Legal Orientalism*: *China, the United States, and modern law*. Harvard University Press, 2013.

135. Saxonberg, Steven. *Transitions and non-transitions from communism*: *regime sur-*

vival in China, *Cuba*, *North Korea and Vietnam*. Cambridge University Press, 2013.

136.* Schell, Orville; Delury, John. *Wealth and power*: *China's long march to the twenty-first century*. Random House, 2013.

137. Schlæger, Jesper. *E-government in China*: *technology*, *power and local government reform*. Routledge, Taylor & Francis Group, 2013.

138. Sevastik, Per. *Aspects of sovereignty*: *Sino-Swedish reflections*. Martinus Nijhoff Publishers, 2013.

139.* Shambaugh, David L. *China goes global*: *the partial power*. Oxford University Press, 2013.

140. Shang, Xiaoyuan; Fisher, Karen. *Caring for orphaned children in China*. Lexington Books, 2013.

141. Sharp, Jonathan; South China Morning Post. *The China Renaissance*: *the rise of Xi Jinping and the 18th Communist party congress*. World Scientific, 2013.

142. Shek, Daniel T. L. [et al.]. *Adolescence and behavior issues in a Chinese context*. Nova Publishers, 2013.

143. Shek, Daniel T. L.; Sun, Rachel C. F.. *Development and evaluation of positive adolescent training through holistic social programs* (*P. A. T. H. S.*). Springer, 2013.

144. Shi, Jichun. *Renmin Chinese law review*: *selected papers of the Jurist*. Edward Elgar, 2013.

145. Shi, Zhiyu. *Sinicizing international relations*: *self*, *civilization*, *and intellectual politics in subaltern East Asia*. Palgrave Macmillan, 2013.

146. Shukla, Prabhat P.. *Tibet*: *perspectives and prospects*. Vivekananda International Foundation, 2013.

147. So, Billy Kee Long; Zelin, Madeleine. *New narratives of urban space in Republican Chinese cities*: *emerging social*, *legal*, *and governance orders*. Brill, 2013.

148.* Song, Geng; Hird, Derek. *Men and masculinities in contemporary China*. Brill, 2013.

149.* Stanley, Phiona. *A critical ethnography of "Westerners" teaching English in China*: *Shanghaied in Shanghai*. Routledge, 2013.

150.* Stern, Rachel E.. *Environmental litigation in China*: *a study in political ambivalence*. Cambridge University Press, 2013.

151. Sun, Feiyu. *Social suffering and political confession*: *Suku in modern China*.

World Scientific, 2013.

152. * Svensson, Marina [et al.]. *Chinese investigative journalists' dreams: autonomy, agency, and voice.* Lexington Books, 2013.

153. Tam; Waikeung. *Legal mobilization under authoritarianism: the case of post-colonial Hong Kong.* Cambridge University Press, 2013.

154. Tenzin, Jinba. *In the land of the eastern queendom: the politics of gender and ethnicity on the Sino-Tibetan border.* University of Washington Press, 2013.

155. Tok, Sow Keat. *Managing China's sovereignty in Hong Kong and Taiwan.* Palgrave Macmillan, 2013.

156. Wallis, Cara. *Technomobility in China: young migrant women and mobile phones.* New York University Press, 2013.

157. * Wang, Chang; Madson, Nathan. *Inside China's legal system.* Woodhead Publishing, 2013.

158. Wang, Lingzhen. *Other genders, other sexualities: Chinese differences.* Duke University Press, 2013.

159. Wang, Ying. *Managing institutions: the survival of minban secondary schools in mainland China.* Cambridge Scholars Publishing, 2013.

160. Wang, Yuxiang. *Language, culture, and identity among minority students in China: the case of the Hui.* Routledge, 2013.

161. * Wasserstrom, Jeffrey N.. *China in the 21st century: what everyone needs to know.* [2nd edition]. Oxford University Press, 2013.

162. Wen, Huike. *Television and the modernization ideal in 1980s China: dazzling the eyes.* Lexington Books, 2013.

163. Winter, Tim. *Shanghai expo: an international forum on the future of cities.* Routledge, 2013.

164. Wong, Richard Yue-chim. *Diversity and occasional anarchy: on deep economic and social contradictions in Hong Kong.* Hong Kong University Press, 2013.

165. Woo, Jean. *Aging in Hong Kong: a comparative perspective.* Springer, 2013.

166. Wu, Bin [et al.]. *China's development and harmonization: towards a balance with nature, society and the international community.* Routledge, 2013.

167. Wu, Fulong [et al.]. *Rural migrants in urban China.* Routledge, 2013.

168. Wu, Mei [et al.]. *Internet mercenaries and viral marketing: the case of Chinese social media.* IGI Global, 2013.

169. Wu, Qianlan. *Competition laws, globalisation and legal pluralism: China's expe-*

rience. Hart Publishing, 2013.

170.* Wu, Wei. *Building service-oriented government: lessons, challenges and prospects.* World Scientific, 2013.

171. Xu, Chongde; Niu Wenzhan. *Constitutional law in China.* Kluwer Law International, 2013.

172. Yang, Dongping [et al.]. *Chinese research perspectives on educational development.* Brill, 2013.

173. Ye Yumin; LeGates, Richard T.. *Coordinating urban and rural development in China: learning from Chengdu.* Edward Elgar, 2013.

174. Yeh, Wen-Hsin. *Mobile horizons: dynamics across the Taiwan Strait.* Institute of East Asian Studies, 2013.

175. Yep, Ray. *Negotiating autonomy in greater China: Hong Kong and its sovereign before and after 1997.* NIAS, 2013.

176. Young, Doug. *The party line: how the media dictates public opinion in modern China.* John Wiley & Sons, 2013.

177. Young, Jason. *China's Hukou system: markets, migrants and institutional change.* Palgrave Macmillan, 2013.

178. Young, Simon N. M. ; Ghai, Yash P.. *Hong Kong's Court of Final Appeal: the development of the law in China's Hong Kong.* Cambridge University Press, 2013.

179. Yu, Guanghua. *Rethinking law and development: the Chinese experience.* Routledge, 2013.

180. Zang, Xiaowei; Kou Chien-Wen. *Elites and governance in China.* Routledge, Taylor & Francis Group, 2013.

181. Zenz, Adrian. *"Tibetanness" under threat? neo-integrationism, minority education and career strategies in Qinghai, P. R. China.* Global Oriental, 2013.

182. Zha, Qiang [et al.]. *Education in China: educational history, models, and initiatives.* Berkshire Publishing Group, 2013.

183. Zhang, Joy Yueyue; Barr, Michael. *Green politics in China: environmental governance and state-society relations.* Pluto Press, 2013.

184. Zhang, Xiaoyang. *Chinese civil law for business.* Open University of Hong Kong Press, 2013.

185.* Zhang, Yue. *The fragmented politics of urban preservation: Beijing, Chicago, and Paris.* University of Minnesota Press, 2013.

186. Zhao, Litao. *China's social development and policy*: *into the next stage?* Routledge, 2013.

187. Zheng, Yongnian; Yew, Chiew Ping. *Hong Kong under Chinese rule*: *economic integration and political gridlock.* World Scientific, 2013.

188. Zheng, Yushuo (Joseph Y. S. Cheng). *The Second chief executive of Hong Kong SAR, evaluating the Tsang years, 2005-2012.* City University of Hong Kong Press, 2013.

189. Zhou, Jinghao. *Chinese vs. Western perspectives*: *understanding contemporary China.* Lexington Books, 2013.

经济·资源·发展

190. * Bell, Stephen; Feng, Hui. *The rise of the People's Bank of China*: *the politics of institutional change.* Harvard University Press, 2013.

191. * Cáceres, Sigfrido Burgos; Ear, Sophal. *The hungry dragon*: *how China's resource quest is reshaping the world.* Routledge, 2013.

192. Chang, Sea-jin. *Multinational firms in China*: *entry strategies, competition, and firm performance.* Oxford University Press, 2013.

193. Chen, Yulu. *Chinese currency and the global economy*: *the rise of the Renminbi.* McGraw-Hill Education, 2013.

194. Chen, Ding. *Corporate governance, enforcement and financial development*: *the Chinese experience.* Edward Elgar, 2013.

195. * Cheung, Tai Ming. *China's emergence as a defense technological power.* Routledge, 2013.

196. China Development Research Foundation. *China's new urbanization strategy.* Routledge, 2013.

197. Chong, Lub Bun. *Managing a Chinese partner*: *insights from global companies.* Palgrave Macmillan, 2013.

198. Chow, Peter C. Y.. *Economic integration across the Taiwan strait*: *global perspectives.* Edward Elgar, 2013.

199. Chu, Ming-chin Monique. *The East Asian computer chip war.* Routledge, 2013.

200. Collins, Heather A.. *China*: *economic conditions and reliability of economic data.* Nova Science Pub Inc., 2013.

201. Cumming, Douglas [et al.]. *Developing China's capital market*: *experiences and challenges*. Palgrave Macmillan, 2013.

202.* Das, Udaibir S. [et al.]. *China's road to greater financial stability*: *some policy perspectives*. International Monetary Fund, 2013.

203. Fan, Joseph P. H. ; Morck, Randall. *Capitalizing China*. University of Chicago Press, 2013.

204.* Feldman, Steven P.. *Trouble in the middle*: *American-Chinese business relations, culture, conflict, and ethics*. Routledge, 2013.

205. Feng, Lianyong [et al.]. *The Chinese oil industry*: *history and future*. Springer, 2013.

206. Fischer, Andrew Martin. *The disempowered development of Tibet in China*: *a study in the economics of marginalization*. Lexington Books, 2013.

207. Fischer, Bill [et al.]. *Reinventing giants*: *how Chinese global competitor Haier has changed the way big companies transform*. Jossey-Bass, 2013.

208. Fuller, Douglas B. ; Rubinstein, Murray A.. *Technology transfer between the US, China, and Taiwan*: *moving knowledge*. Routledge, 2013.

209. Giulietti, Corrado [et al.]. *Labor market issues in China*. Emerald, 2013.

210.* Gomel, Giorgio [et al.]. *The Chinese economy*: *recent trends and policy issues*. Springer, 2013.

211. Goodstadt, Leo F.. *Poverty in the midst of affluence*: *how Hong Kong mismanaged its prosperity*. Hong Kong University Press, 2013.

212. Gopal, Sarvepalli; Mancheri, Nabeel A.. *Rise of China*: *Indian perspectives*. Lancer International, 2013.

213. Gorrie, James R.. *The China crisis*: *how China's economic collapse will lead to a global depression*. John Wiley & Sons, 2013.

214. Guo, Rongxing. *Regional China*: *a business and economic handbook*. Palgrave Macmillan, 2013.

215. Haley, Usha C. V. ; Haley, George T.. *Subsidies to Chinese industry*: *state capitalism, business strategy and trade policy*. Oxford University Press, 2013.

216. Hannas, William C. [et al.]. *Chinese industrial espionage*: *technology acquisition and military modernization*. Routledge, 2013.

217. He, Wenkai. *Paths toward the modern fiscal state*: *England, Japan, and China*. Harvard University Press, 2013.

218. Hembrecht, Ines. *China Investment Corporation*: *China's key sovereign wealth*

fund and Chinese investment issues. Nova Science Pub Inc. , 2013.

219. Holloman, Dave M. . *China catalyst: powering global growth by reaching the fastest growing consumer market in the world.* John Wiley & Sons, 2013.

220.* Horesh, Niv. *Chinese money in global context: historic junctures between 600 BCE and 2012.* Stanford University Press, 2013.

221. Hou, Xiaoshuo. *Community capitalism in China: the state, the market, and collectivism.* Cambridge University Press, 2013.

222. Hsu, Sara. *Lessons in sustainable development from China & Taiwan.* Palgrave Macmillan, 2013.

223. Huang, Xiaoming. *Modern economic development in Japan and China: developmentalism, capitalism, and the world economic system.* Palgrave Macmillan, 2013.

224. Huang, Yiping; Cai, Fang. *Debating the Lewis turning point in China.* Routledge, 2013.

225. Huang, Yiping; Yu, Miaojie. *China's new role in the world economy.* Routledge, 2013.

226. Jalilian, Hossein. *Assessing China's impact on poverty in the Greater Mekong Subregion.* Institute of Southeast Asian Studies, 2013.

227. Jiang, Yang. *China's policymaking for regional economic cooperation.* Palgrave Macmillan, 2013.

228. Jiang, Yanqing. *Openness, economic growth and regional disparities: the case of China.* Springer, 2013.

229.* Keane, Michael. *Creative industries in China: art, design and media.* Polity Press, 2013.

230.* Kennedy, David; Stiglitz, Joseph E. . *Law and economics with Chinese characteristics: institutions for promoting development in the twenty-first century.* Oxford University Press, 2013.

231.* King, Kenneth. *China's aid and soft power in Africa: the case of education and training.* James Currey, 2013.

232. Lafitte, Gabriel. *Spoiling Tibet: China and resource nationalism on the roof of the world.* Zed Books, 2013.

233. Li, Peter Ping. *Disruptive innovation in Chinese and Indian businesses: the strategic implications for local entrepreneurs and global incumbents.* Routledge, 2013.

234. Liefner, Ingo; Wei, Yehua Dennis. *Innovation and regional development in Chi-*

na. Routledge, 2013.

235. Lin, Chun. *China and global capitalism: reflections on Marxism, history, and contemporary politics.* Palgrave Pivot, 2013.

236. Liu, Binglian [et al.]. *Contemporary logistics in China: transformation and revitalization.* Springer, 2013.

237. Liu, Shunzhong. *Innovation Management in Knowledge Intensive Business Services in China.* Springer Verlag, 2013.

238. Liu, Yang. *China's urban labor market: a structural econometric approach.* Kyoto University Press; Hong Kong University Press, 2013.

239. Lu, Ming [et al.]. *China's economic development: institutions, growth and imbalances.* Edward Elgar, 2013.

240. Lui, Hon-Kwong. *Widening Income Distribution in Post-Handover Hong Kong.* Routledge, Taylor & Francis Group, 2013.

241. Ma, Ying; Trautwein, Hans-Michael. *Thoughts on economic development in China.* Routledge, 2013.

242. Mackett, R. L. [et al.]. *Sustainable transport for Chinese cities.* Emerald, 2013.

243. Mao, Yushi [et al.]. *Food security and farm land protection in China.* World Scientific, 2013.

244. Marton, Andrew M.. *China's spatial economic development: regional transformation in the lower Yangzi Delta.* Routledge, 2013.

245. McKinnon, Ronald I.. *The unloved dollar standard: from Bretton Woods to the rise of China.* Oxford University Press, 2013.

246. Menkhoff, Thomas [et al.]. *Catalyst for change: Chinese business in Asia.* World Scientific, 2013.

247. Minikin, Robert; Lau, Kelvin. *The offshore renminbi: the rise of the Chinese currency and its global future.* John Wiley & Sons Singapore Pte. Ltd. , 2013.

248. Nankervis, Alan R [et al.]. *New models of human resource management in China and India.* Routledge, 2013.

249. Ng, Michael H. K.. *Foreign direct investment in China: theories and practices.* Routledge, 2013.

250. * Nielsen, Chris P. ; Ho, Mun S.. *Clearer skies over China: reconciling air quality, climate, and economic goals.* The MIT Press, 2013.

251. Olimat, Muhamad. *China and the Middle East: from Silk Road to Arab Spring.*

Routledge, 2013.

252. Pettis, Michael. *Avoiding the fall: China's economic restructuring*. Carnegie Endowment for International Peace, 2013.

253. * Sanderson, Henry; Forsythe, Michael. *China's superbank: debt, oil and influence: how China Development Bank is rewriting the rules of finance*. Wiley, 2013.

254. * Shepherd, Robert J.. *Faith in heritage: displacement, development, and religious tourism in contemporary China*. Left Coast Press, 2013.

255. Shimomura, Yasutami; Ohashi, Hideo. *A study of China's foreign aid: an Asian perspective*. Palgrave Macmillan, 2013.

256. * Simons, Craig. *The devouring dragon: how China's rise threatens our natural world*. St. Martin's, 2013.

257. Sinn, Elizabeth. *Pacific crossing: California gold, Chinese migration, and the making of Hong Kong*. Hong Kong University Press, 2013.

258. Sun, Jiaming; Lancaster, William Scott. *Chinese globalization: a profile of people-based global connections in China*. Routledge, 2013.

259. Susanto, A. B.; Susanto, Patricia. *The dragon network: inside stories of the most successful Chinese family businesses*. Wiley, Bloomberg Press, 2013.

260. Tan, Michael N. T.. *Corporate governance and banking in China*. Routledge, 2013.

261. Wang, Junmin. *State-market interactions in China's reform era: local state competition and global-market building in the tobacco industry*. Routledge, 2013.

262. Wang, Luolin; Zhu, Ling. *Breaking out of the poverty trap: case studies from the Tibetan Plateau in Yunnan, Qinghai and Gansu*. World Century, 2013.

263. Wang; Jinmin. *Institutional change and the development of industrial clusters in China: case studies from the textile and clothing industry*. World Scientific, 2013.

264. Warner, Malcolm. *Understanding management in China: past, present and future*. Routledge, 2013.

265. Warner, Malcolm. *Whither Chinese HRM? paradigms, models and theories*. Routledge, 2013.

266. Whalley, John. *China's trade, exchange rate and industrial policy structure*. World Scientific, 2013.

267. Wu, Yanrui. *Regional development and economic growth in China*. World Scien-

tific, 2013.

268.* Wu, Zhiyan [et al.]. *From Chinese brand culture to global brands: insights from aesthetics, fashion, and history.* Palgrave Macmillan, 2013.

269. Xia, Bin. *The private equity funds in China: a 20-year overview.* Enrich, 2013.

270. Yan, Qinghuang. *Ethnic Chinese business in Asia: history, culture and business enterprise.* World Scientific, 2013.

271. Yang, Keming. *Capitalists in communist China.* Palgrave Macmillan, 2013.

272. Yeh, Emily T.. *Taming Tibet: landscape transformation and the gift of Chinese development.* Cornell University Press, 2013.

273.* Yokokawa, Nobuharu [et al.]. *Industrialization of China and India: their impacts on the world economy.* Routledge, 2013.

274. Yueh, Linda Y.. *China and globalization: critical concepts in economics.* Routledge, 2013.

275.* Yueh, Linda. *China's growth: the making of an economic superpower.* Oxford University Press, 2013.

276. Zeng, Ka; Liang, Wei. *China and global trade governance: China's ten-year experience in the world trade organization.* Routledge, Taylor & Francis Group, 2013.

277. Zhang, Jing. *Foreign direct investment, governance, and the environment in China: regional dimensions.* Palgrave Macmillan, 2013.

278. Zhang, Joe [et al.]. *Inside China's shadow banking: the next subprime crisis?* Enrich Professional Publishing, 2013.

279. Zhang, Jun. *Unfinished reforms in the Chinese economy.* World Scientific, 2013.

280. Zhang, Yu Aimee. *Collaboration in the Australian and Chinese mobile telecommunication markets.* Springer, 2013.

281. Zhao, Jianhua. *The Chinese fashion industry: an ethnographic approach.* Bloomsbury Academic, 2013.

282. Zhao, Suisheng. *China's search for energy security: domestic sources and international implications.* Routledge, 2013.

283. Zheng, Hongtai; Yin, Baoshan. *Gambling dynamism: the Macao miracle.* Springer, 2013.

284. Zheng, Ping; Scase, Richard. *Emerging business ventures in China: entrepreneurship under market socialism.* Routledge, 2013.

历史·思想·文化

285. Arpi, Claude. 1962 *and the McMahon Line saga*. Lancer Intl Lancer Press, 2013.

286. Bellezza, John Vincent. *Death and beyond in ancient Tibet*. Verlag der Österreichischen Akademie der Wissenschaften, 2013.

287. Bennett, Terry. *History of photography in China: Chinese photographers, 1844-1879*. Quaritch, 2013.

288.* Berg, Daria. *Women and the literary world in early modern China, 1580-1700*. Routledge, Taylor & Francis Group, 2013.

289. Berry, Chris. *Chinese cinema*. Routledge, 2013.

290. Bevis, Teresa Brawner. *A history of higher education exchange: China and America*. Routledge, 2013.

291. Bi, Lijun. *China's May Fourth poetry: educating the young*. Common Ground Publishing, 2013.

292. Bien, Gloria. *Baudelaire in China: a study in literary reception*. University of Delaware Press; Rowman & Littlefield, 2013.

293. Blumenfield, Tami. ; Silverman, Helaine. *Cultural heritage politics in China*. Springer, 2013.

294. Bogin, Benjamin. *The illuminated life of the great Yolmowa*. Serindia Publications, 2013.

295. Bollas, Christopher. *China on the mind*. Routledge, 2013.

296. Børdahl, Vibeke. *Wu Song fights the tiger: the interaction of oral and written traditions in the Chinese novel, drama and storytelling*. NIAS Press, 2013.

297. Bossler, Beverly Jo.. *Courtesans, concubines, and the cult of female fidelity: gender and social change in China, 1000-1400*. Harvard University Asia Center, 2013.

298. Bowman, Paul. *Reading Rey Chow: visuality, postcoloniality, ethnicity, sexuality*. Peter Lang Publishing, 2013.

299.* Bray, Francesca. *Technology, gender and history in imperial China: great transformations reconsidered*. Routledge, 2013.

300. Bright, Rachel K.. *Chinese labour in South Africa, 1902-1910: race, violence, and global spectacle*. Palgrave Macmillan, 2013.

301.* Brook, Timothy. *Mr. Selden's map of China*: *decoding the secrets of a vanished cartographer*. Bloomsbury Press, 2013.

302. Brown, Kerry. *Contemporary China*. Palgrave Macmillan, 2013.

303. Buton Rinchen Drup. *Butön's history of Buddhism in India and its spread to Tibet*: *a treasury of priceless scripture*. Snow Lion, 2013.

304. Calkins, Laura M.. *China and the first Vietnam War, 1947-1954*. Routledge, 2013.

305. Chang, Chihyun. *Government, imperialism and nationalism in China*: *the Maritime Customs Service and its Chinese staff*. Routledge, 2013.

306. Chang, Jung. *Empress Dowager Cixi*: *the concubine who launched modern China*. Alfred A. Knopf, 2013.

307. Chastanet, François. *Dishu*: *ground calligraphy in China*. Dokument, 2013.

308. Cheng, Pei-kai; Fan, Jiawei. *New perspectives on the research of Chinese culture*. Springer, 2013.

309. Cheng, Wei-chung. *War, trade and piracy in the China Seas, 1622-1683*. Brill, 2013.

310. Chow, Alexander. *Theosis, Sino-Christian theology and the second Chinese enlightenment*: *heaven and humanity in unity*. Palgrave Macmillan, 2013.

311.* Chow, Yiu Fai; Kloet, Jeroen de. *Sonic multiplicities*: *Hong Kong pop and the global circulation of sound and image*. Intellect, 2013.

312. Chuluun, Sampildondovyn〔et al.〕. *The Thirteenth Dalai Lama on the run (1904-1906)*: *archival documents from Mongolia*. Brill, 2013.

313. Clark, Anthony E.〔et al.〕. *A voluntary exile*: *Chinese Christianity and cultural confluence since 1552*. Lehigh University Press, 2013.

314. Clarke, Jeremy. *The Virgin Mary and catholic identities in Chinese history*. Hong Kong University Press, 2013.

315. Clunas, Craig. *Screen of kings*: *royal art and power in Ming China*. University of Hawai'i Press, 2013.

316.* Cochran, Sherman; Hsieh, Andrew. *The Lius of Shanghai*. Harvard University Press, 2013.

317. Daily, Christopher A.. *Robert Morrison and the Protestant plan for China*. Hong Kong University Press, 2013.

318. Dardess, John W.. *A political life in Ming China*: *a grand secretary and his times*. Rowman & Littlefield Publishers, Inc. , 2013.

319. Davies, Gloria. *Lu Xun's revolution*: *writing in a time of violence*. Harvard University Press, 2013.

320. Davin, Delia. *Mao*: *a very short introduction*. Oxford University Press, 2013.

321. Davis, Jessica Milner; Chey, Jocelyn Valerie. *Humour in Chinese life and culture*: *resistance and control in modern times*. Hong Kong University Press, 2013.

322. Dhondup, Yangdon [et al.]. *Monastic and lay traditions in north-eastern Tibet*. Brill, 2013.

323. Dickinson, G. Lowes. *An essay on the civilisations of India, China and Japan*. [*Routledge Library Editions*]. Routledge, 2013.

324. Dikötter, Frank. *The tragedy of liberation*: *a history of the Chinese revolution, 1945-1957*. Bloomsbury, 2013.

325. Dryburgh, Marjorie; Dauncey, Sarah. *Writing lives in China, 1600-2010*: *histories of the elusive self*. Palgrave Macmillan, 2013.

326. * Du, Yongtao; Kyong-McClain, Jeff. *Chinese history in geographical perspective*. Lexington Books, 2013.

327. * Dudbridge, Glen. *A portrait of five dynasties China*: *from the Memoirs of Wang Renyu(880-956)*. Oxford University Press, 2013.

328. Eberhard, Wolfram. *A history of China*. [*4th edition.*]. Routledge, 2013.

329. Elman, Benjamin A.. *Civil examinations and meritocracy in late Imperial China*. Harvard University Press, 2013.

330. Esherick, Joseph W; Wei, C. X. George. *China*: *how the empire fell*. Routledge, 2013.

331. * Evans, Brian L.. *The Remarkable Chester Ronning*: *proud son of China*. University of Alberta Press, 2013.

332. Fang, Hanqi. *A history of journalism in China*. Enrich Professional Publishing, 2013.

333. Faure, David; Ho, Ts'ui-p'ing. *Chieftains into ancestors*: *imperial expansion and indigenous society in Southwest China*. University of British Columbia Press, 2013.

334. Feast, Julia [et al.]. *Adversity, adoption and afterwards*: *a mid-life follow-up study of women adopted from Hong Kong*. BAAF, 2013.

335. Felton, Mark. *China station*: *the British military in the Middle Kingdom* 1839-1997. Pen & Sword Military, 2013.

336. Fenby, Jonathan. *The Penguin history of modern China*: *the fall and rise of a*

great power, 1850 *to the present.* [*2nd revised edition*]. Penguin, 2013.

337. Feng, Jin. *Romancing the internet: producing and consuming Chinese web romance.* Brill, 2013.

338. FitzGerald, Carolyn. *Fragmenting modernisms: Chinese wartime literature, art, and film, 1937-1949.* Brill, 2013.

339.* Flad, Rowan K.; Chen, Pochan. *Ancient Central China: centers and peripheries along the Yangzi River.* Cambridge University Press, 2013.

340. Fok, Siu-har Silvia. *Life and death: art and the body in contemporary China.* Intellect, 2013.

341. Fong, Roy. *The great teas of China.* Gibbs Smith, 2013.

342. Forman, Ross G.. *China and the Victorian imagination: empires entwined.* Cambridge University Press, 2013.

343. Foster, Kate. *Chinese literature and the child: children and childhood in late-twentieth century Chinese fiction.* Palgrave Macmillan, 2013.

344. Fries, Jan. *Dragon bones: ritual, myth & oracle in Shang Period China.* Avalonia, 2013.

345. Froese, Katrin. *Ethics unbound: Some Chinese and Western perspectives on morality.* Hong Kong: The Chinese University Press, 2013.

346. Fuller, Michael Anthony. *Drifting among rivers and lakes: Southern Song dynasty poetry and the problem of literary history.* Harvard University Asia Center, 2013.

347. Gao, Bei. *Shanghai sanctuary: Chinese and Japanese policy toward European Jewish refugees during World War II.* Oxford University Press, 2013.

348. Gao, Yunxiang. *Sporting gender: women athletes and celebrity-making during China's national crisis, 1931-1945.* UBC Press, 2013.

349.* Gladston, Paul. *"Avant-garde" art groups in China, 1979-1989.* Intellect Ltd, 2013.

350. Golf, Paul; Lee, Pastor. *The coming Chinese church: how rising faith in China is spilling over its boundaries.* Monarch, 2013.

351. Gu, Mingyuan. *Cultural foundations of Chinese education.* Brill, 2013.

352. Gu, Mingdong. *Sinologism: an alternative to orientalism and postcolonialism.* Routledge, 2013.

353. Haddad, John Rogers. *America's first adventure in China: trade, treaties, opium, and salvation.* Temple University Press, 2013.

354.* Harmsen, Peter. *Shanghai 1937: Stalingrad on the Yangtze.* Casemate, 2013.

355. Harris, Rachel [et al.]. *Gender in Chinese music.* University of Rochester Press; Boydell & Brewer Limited, 2013.

356. Harrison, Henrietta. *The missionary's curse and other tales from a Chinese Catholic village.* University of California Press, 2013.

357. Hase, Patrick H.. *Custom, land and livelihood in rural south China: the traditional land law of Hong Kong's New Territories, 1750-1950.* Hong Kong University Press, 2013.

358.* He, Yuming. *Home and the world: editing the "Glorious Ming" in woodblock-printed books of the sixteenth and seventeenth centuries.* The Harvard University Asia Center, 2013.

359. Hearn, Maxwell K.. *Ink art: past as present in contemporary China.* The Metropolitan Museum of Art, 2013.

360. Hinsch, Bret. *Masculinities in Chinese history.* Rowman & Littlefield Publishers Inc. , 2013.

361. Holloway, Kenneth W.. *The quest for ecstatic morality in early China.* Oxford University Press, 2013.

362. Holm, David. *Mapping the old Zhuang character script: a vernacular writing system from southern China.* Brill, 2013.

363. Hosne, Ana Carolina. *The Jesuit missions to China and Peru, 1570-1610: expectations and appraisals of expansionism.* Routledge, Taylor & Francis Group, 2013.

364.* Idema, Wilt L.. *Chinese studies in the Netherlands: past, present and future.* Brill, 2013.

365. Jenkins, Eugenia Zuroski. *A taste for China: English subjectivity and the prehistory of Orientalism.* Oxford University Press, 2013.

366. Jin, Yong; Ikeda, Daisaku. *Compassionate light in Asia: a dialogue.* I. B. Tauris, 2013.

367.* Jowett, Philip. *China's wars: rousing the dragon 1894-1949.* Osprey Publishing, 2013.

368. Kerr, Gordon. *A short history of China: from ancient dynasties to economic powerhouse.* Pocket Essentials, 2013.

369. Kitson, Peter J.. *Forging romantic China: sino-British cultural exchange, 1760-1840.* Cambridge University Press, 2013.

370. Kozma, Alex. *Warrior guards the mountain: the internal martial traditions of China, Japan and South East Asia.* Singing Dragon, 2013.

371. Kwan, SanSan. *Kinesthetic city: dance and movement in Chinese urban spaces.* Oxford University Press, 2013.

372. Laamann, Lars Peter. *Critical readings on the Manchus in modern China(1616-2012).* Brill, 2013.

373.* Ladds, Catherine. *Empire careers: working for the Chinese customs service, 1854-1949.* Manchester University Press, 2013.

374. Lai, Linda Chiu-Han; Choi, Kimburley Wing-yee. *World film locations. Hong Kong.* Intellect Books, 2013.

375. Lejeune, Denis. *Behind the Great Wall of China: straight talk from a Western expatriate.* Potomac Books, 2013.

376. Leong, Samuel; Leung, Bo Wah. *Creative arts in education and culture: perspectives from Greater China.* Springer, 2013.

377. Leung, Pak-Wah; Lew, Christopher R.. *Historical dictionary of the Chinese Civil War.* [2nd Edition] The Scarecrow Press, 2013.

378. Li, Deshun. *Values of our times: contemporary axiological research in China.* Springer, 2013.

379.* Li, Feng. *Early China: a social and cultural history.* Cambridge University Press, 2013.

380. Li, Phoebe H.. *A virtual Chinatown: the diasporic mediasphere of Chinese migrants in New Zealand.* Brill, 2013.

381. Li, Tang; Winkler, Dietmar W.. *From the Oxus River to the Chinese shores: studies on East Syriac Christianity in China and Central Asia.* LIT Verlag, 2013.

382. Li, Xiaobing; Tian, Xiansheng. *Evolution of power: China's struggle, survival, and success.* Lexington Books, 2013.

383. Lightman, Bernard V. [et al.]. *The circulation of knowledge between Britain, India, and China: the early-modern world to the twentieth century.* Brill, 2013.

384. Lim, Francis Khek Gee. *Christianity in contemporary China: socio-cultural perspectives.* Routledge, 2013.

385. Lim, Susanna Soojung. *China and Japan in the Russian Imagination, 1685-1922: to the ends of the Orient.* Routledge, 2013.

386. Lim, Walter S. H.. *Narratives of diaspora: representations of Asia in Chinese American literature.* Palgrave Macmillan, 2013.

387. Linton, Suzannah. *Hong Kong's war crimes trials*. Oxford University Press, 2013.

388.* Liu, Lydia H. [et al.]. *The birth of Chinese feminism: essential texts in transnational theory*. Columbia University Press, 2013.

389. Liu, Siyuan. *Performing hybridity in colonial-modern China*. Palgrave Macmillan, 2013.

390. Liu, Xun; Goossaert, Vincent. *Quanzhen Daoists in Chinese society and culture, 1500-2010*. Institute of East Asian Studies, University of California, 2013.

391. Liu, Yonghua. *Confucian rituals and Chinese villagers ritual change and social transformation in a southeastern Chinese community, 1368-1949*. Brill, 2013.

392. López, Kathleen. *Chinese Cubans: a transnational history*. The University of North Carolina Press, 2013.

393. Lorge, Peter Allan. *Debating war in Chinese history*. Brill, 2013.

394. Lü, Peng. *Fragmented reality: contemporary art in 21st century China*. Charta, 2013.

395. Mair, Victor H. [et al.]. *Chinese lives: the people who made a civilization*. Thames & Hudson, 2013.

396. Marinelli, Maurizio; Andornino, Giovanni B.. *Italy's encounters with modern China: imperial dreams, strategic ambitions*. Palgrave Macmillan, 2013.

397. McDermott, Joseph Peter. *The making of a new rural order in South China. Village, Land, and Lineage in Huizhou, 900-1600*. Cambridge University Press, 2013.

398. McMahon, Keith. *Women shall not rule: imperial wives and concubines in China from Han to Liao*. Rowman & Littlefield Publishers, 2013.

399. Meyer, Richard J.. *Wang Renmei: the wildcat of Shanghai*. Hong Kong University Press, 2013.

400.* Meyer-Fong, Tobie. *What remains: coming to terms with civil war in 19th century China*. Stanford University Press, 2013.

401. Milburn, Olivia. *Cherishing antiquity: the cultural construction of an ancient Chinese kingdom*. Harvard University Asia Center, 2013.

402. Miller, Harry. *State versus gentry in early Qing dynasty China, 1644-1699*. Palgrave Macmillan, 2013.

403.* Miller, Manjari Chatterjee. *Wronged by empire: post-imperial ideology and foreign policy in India and China*. Stanford University Press, 2013.

404. Ming, Hung Hing. *Li Shi Min, founding the Tang Dynasty: strategies that made China the greatest empire in Asia.* Algora Publishing, 2013.

405.* Mitter, Rana. *China's war with Japan, 1937-1945: the struggle for survival.* Allen Lane, 2013. [英国版]

406. Mitter, Rana. *Forgotten ally: China's World War II, 1937-1945.* Houghton Mifflin Harcourt, 2013. [美国版]

407. Moran, Thomas; Xu, Ye. *Chinese fiction writers, 1950-2000.* Gale Cengage Learning, 2013.

408.* Mosca, Matthew W.. *From frontier policy to foreign policy: the question of India and the transformation of geopolitics in Qing China.* Stanford University Press, 2013.

409. Moskowitz, Marc L.. *Go nation: Chinese masculinities and the game of weiqi in China.* The University of California Press, 2013.

410. Moule, A. C. (Arthur Christopher). *Quinsai: with other notes on Marco Polo.* Cambridge University Press, 2013.

411. Moxley, Mitch. *Apologies to my censor: the high and low adventures of a foreigner in China.* Harper Perennial, 2013.

412. Mullard, Saul. *Critical readings on the history of Tibetan foreign relations.* Brill, 2013.

413. Murck, Alfreda. *Mao's golden mangoes and the cultural revolution.* Scheidegger & Spiess, 2013.

414. Musgrove, Charles D.. *China's contested capital: architecture, ritual, and response in Nanjing.* University of Hawai'i Press, 2013.

415. Netting, Lara Jaishree. *A perpetual fire: John C. Ferguson and his quest for Chinese art and culture.* Hong Kong University Press, 2013.

416.* Olberding, Garret P. S.. *Facing the monarch: modes of advice in the early Chinese court.* Harvard University Asia Center, 2013.

417. Pankenier, David W.. *Astrology and cosmology in early China: conforming earth to heaven.* Cambridge University Press, 2013.

418. Peers, Chris. *Battles of ancient China.* Pen & Sword Military, 2013.

419. Perez-Milans, Miguel. *Urban schools and English language education in late modern China: a critical sociolinguistic ethnography.* Routledge, 2013.

420. Pickowicz, Paul G. [et al.]. *Liangyou: kaleidoscopic modernity and the Shanghai global metropolis, 1926-1945.* Brill, 2013.

421. Pierson, Stacey. *From object to concept*: *global consumption and the transformation of Ming porcelain.* Hong Kong University Press, 2013.

422. Pines, Yuri [et al.]. *Birth of an empire*: *the state of Qin revisited.* Global, Area, and International Archive, 2013.

423. Puga, Rogério Miguel. *The British presence in Macau, 1635-1793.* Hong Kong University Press, 2013.

424. Quan, Elizabeth. *Beyond the moongate*: *true stories of 1920s China.* Tundra, 2013.

425. Raphals, Lisa Ann. *Divination and prediction in early China and ancient Greece.* Cambridge University Press, 2013.

426. Ren, Hai. *The middle class in neoliberal China*: *governing risk, life-building, and themed spaces.* Routledge, 2013.

427. Rene, Helena K.. *China's sent-down generation*: *public administration and the legacies of Mao's rustication program.* Georgetown University Press, 2013.

428. Richter, Antje. *Letters and epistolary culture in early medieval China.* University of Washington Press, 2013.

429. Ringmar, Erik. *Liberal barbarism and the European destruction of the palace of the emperor of China.* Palgrave Macmillan, 2013.

430. Robinson, David M.. *Martial spectacles of the Ming court.* Harvard University Asia Center, 2013.

431.* Rojas, Carlos; Chow, Eileen. *The Oxford handbook of Chinese cinemas.* Oxford University Press, 2013.

432. Rokker, Jana S.; Suhadolnik, Natasa Vampelj. *Modernisation of Chinese culture*: *continuity and change.* Cambridge Scholars Publishing, 2013.

433. Rong, Xinchun. *Changing times and media transformations*: *the case of Ta Kung Pao, 1902-1966.* Paths International, 2013.

434.* Schaeffer, Kurtis R. [et al.]. *Sources of Tibetan tradition.* Columbia University Press, 2013.

435. Schirokauer, Conrad[et al.]. *A brief history of Chinese and Japanese civilization.* [4th edition]Wadsworth Cengage Learning, 2013.

436.* Schmidt-Leukel, Perry; Gentz, Joachim. *Religious diversity in Chinese thought.* Palgrave Macmillan, 2013.

437. Schoenhals, Michael. *Spying for the people*: *Mao's secret agents, 1949-1967.* Cambridge University Press, 2013.

438. Seibert, Andreas. *The colors of growth*: *China's Huai River*. Lars Müller Publishers, 2013.

439.* Silbergeld, Jerome; Ching, Dora C. Y.. *The family model in Chinese art and culture*. Princeton University Press, 2013.

440. Smith, Richard J.. *Mapping China and managing the world*: *culture, cartography and cosmology in late imperial times*. Routledge, 2013.

441. Solé-Farràs, Jesús. *New Confucianism in twenty-first century China*: *the construction of a discourse*. Routledge, 2013.

442.* Song, Yuwu. *Biographical dictionary of the People's Republic of China*. McFarland & Company, Inc. , 2013.

443. Stafford, Charles. *Ordinary ethics in China*. Berg, 2013.

444. Ströber, Eva. *Ming*: *porcelain for a globalised trade*. Arnoldsche, 2013.

445.* Swope, Kenneth M.. *The military collapse of China's Ming Dynasty, 1618-1644*. Routledge, 2013.

446.* Tanner, Harold Miles. *The battle for Manchuria and the fate of China*: *Siping, 1946*. Indiana University Press, 2013.

447. Tchou, W. Kang. *China and the humanities*: *at the crossroads of the human and the humane*. Common Ground Pub. , 2013.

448. Teo, Stephen. *The Asian cinema experience*: *styles, spaces, theory*. Routledge, 2013.

449. Theodor, Ithamar; Yao, Zhihua. *Brahman and Dao*: *comparative studies of Indian and Chinese philosophy and religion*. Lexington Books, 2013.

450. Tong, Tao. *The silk roads of the Northern Tibetan Plateau during the Early Middle Ages* (*from the Han to Tang Dynasty*). Archaeopress, 2013.

451. Topping, Audrey Ronning. *China mission*: *a personal history from the last imperial dynasty to the people's republic*. Louisiana State University Press, 2013.

452.* Törmä, Minna. *Enchanted by Lohans*: *Osvald Sirén's journey into Chinese art*. Hong Kong University Press, 2013.

453. Tseng, Chin-Yin. *The making of the Tuoba Northern Wei*: *constructing material cultural expressions in the Northern Wei Pingcheng Period* (*398-494 CE*). Archaeopress, 2013.

454.* Tuttle, Gray; Schaeffer, Kurtis R.. *The Tibetan history reader*. Columbia University Press, 2013.

455. Tyzack, Charles. *Nearly a Chinese*: *a life of Clifford Stubbs*. Book Guild, 2013.

456. Underhill, Anne P.. *A companion to Chinese archaeology*. John Wiley & Sons Inc. , 2013.

457. Van Fleit Hang, Krista. *Literature the people love*: *reading Chinese texts from the early Maoist period* (*1949-1966*). Palgrave Macmillan, 2013.

458. Veer, Peter van der. *The modern spirit of Asia*: *the spiritual and the secular in China and India*. Princeton University Press, 2013.

459. Wang, Chi. *The United States and China since World War II*: *a brief history*. M. E. Sharpe Inc. , 2013.

460. Wang, David; Sam, Georgina. *Christian China and the light of the world*: *miraculous stories from China's great awakening*. Gospel Light, 2013.

461. Wang, Gungwu. *Renewal*: *the Chinese state and the new global history*. Hong Kong: The Chinese University Press, 2013.

462. Wang, Xiaojue. *Modernity with a cold war face*: *reimagining the nation in Chinese literature across the* 1949 *divide*. Harvard University Asia Center, 2013.

463.* Wang, Zhenping. *Tang China in multi-polar Asia*: *a history of diplomacy and war*. University of Hawai'i Press, 2013.

464. Warden; John. *How habits of culture shape our rational thinking*: *a comparison of classical Greece and ancient China*. Edwin Mellen Press, 2013.

465. Waterson, James. *Defending heaven*: *China's Mongol wars*, 1209-1370. Frontline Books, 2013.

466. Wielander, Gerda. *Christian values in Communist China*. Routledge, Taylor & Francis Group, 2013.

467.* Wilkinson, Endymion. *Chinese history*: *a new manual*. Harvard University Asia Center, 2013.

468. Wilson, Jim. *Chinese whispers*: *listening to China*: *RAF Chinese linguists remember* 1956-1958. McAvaney Media Pty Ltd, 2013.

469. Wolfendale, Stuart. *Imperial to International*: *a history of St John's Cathedral, Hong Kong*. Hong Kong University Press, 2013.

470. Wong, Winnie Won Yin. *Van Gogh on demand*: *China and the readymade*. University of Chicago Press, 2013.

471. Wu, Hsiao-yun. *Chariots in early China*: *origins*, *cultural interaction*, *and identity*. Archaeopress, 2013.

472. Wu, Hung. *Tenth-century China and beyond*: *art and visual culture in a multi-centered age*. Art Media Resources Inc. , 2013.

473. Young, Ernest P.. *Ecclesiastical colony: China's Catholic Church and the French religious protectorate.* Oxford University Press, 2013.

474. Yow, Cheun Hoe. *Guangdong and Chinese diaspora: the changing landscape of qiaoxiang.* Routledge, 2013.

475. Yue, Isaac; Tang, Siufu. *Scribes of gastronomy: representations of food and drink in Imperial Chinese literature.* Hong Kong University Press, 2013.

476. Zheng, Yangwen. *The Chinese chameleon revisited: from the Jesuits to Zhang Yimou.* Cambridge Scholars Publishing, 2013.

477. Zhou, Xun. *Forgotten voices of Mao's great famine, 1958-1962: an oral history.* Yale University Press, 2013.

478. Zhou, Zuyan. *Daoist philosophy and literati writings in late imperial China: a case study of The Story of the Stone.* The Chinese University Press, 2013.

479. Zhu, Yaowei. *Lost in transition: Hong Kong culture in the age of China.* State University of New York Press, 2013.

480. * Zürcher, Erik; Silk, Jonathan A.. *Buddhism in China: collected papers of Erik Zürcher.* Brill, 2013.

日文著作目录

外交・国防・安全

481. 岸本和博．尖閣問題 Q&A：事実を知って、考えよう．第三書館, 2013.

482. 柏原竜一．中国の情報機関：世界を席巻する特務工作．祥伝社, 2013.

483. 坂東忠信．静かなる日本戦区．青林堂, 2013.

484. 長島昭久．「活米」という流儀：外交・安全保障のリアリズム．講談社, 2013.

485. 川島真．岐路に立つ中国と日中関係：歴史と現在、そして今後の可能性．かわさき市民アカデミー, 2013.

486. 春名幹男．米中冷戦と日本：激化するインテリジェンス戦争の内幕．PHP 研究所, 2013.

487. 大下英治．「尖閣」で試される日本の政治家たち．竹書房, 2013.

488. 段躍中．日中対立を超える「発信力」：中国報道最前線総局長・特派員たちの声．日本僑報社, 2013.

489. 飯田将史．海洋へ膨張する中国：強硬化する共産党と人民解放軍．角川マガジンズ, 2013.

490. 福山隆, 池田整治．「親米派・親中派」の嘘：日本の真の独立を阻むものの正体．ワニ．プラス, 2013.

491. 福山隆．尖閣を奪え！中国の海軍戦略をあばく：マハン理論で読み解く中国のシーパワー．潮書房光人社, 2013.

492. 福田円．中国外交と台湾：「一つの中国」原則の起源．慶應義塾大学出版会, 2013.

493. 富坂聰．間違いだらけの対中国戦略：日本人だけが知らない中国の弱点．新人物往来社, 2013.

494. 富坂聰．中国の破壊力と日本人の覚悟：なぜ怖いのか、どう立ち向かうか．朝日新聞出版, 2013.

495. 富坂聰．中国人は日本が怖い！：「反日」の潜在意識．飛鳥新社, 2013.

496. 宮家邦彦．語られざる中国の結末．PHP 研究所, 2013.

497. 宮崎正弘．中国の「反日」で日本はよくなる．徳間書店, 2013.

498. 古森義久．危うし！日本の命運．海竜社, 2013.

499. 古森義久．中・韓「反日ロビー」の実像：いまアメリカで何が起きているのか．PHP 研究所, 2013.

500. 関西日中関係学会, 神戸社会人大学, 桜美林大学北東アジア総合研究所．

勃興するアジアと日中関係．桜美林大学北東アジア総合研究所，2013.

501. 桂誠．中国が急進する中での日本の東南アジア外交：フィリピン、ラオスの現場から．かまくら春秋社，2013.

502. 海洋政策研究財団．中国の海洋進出：混迷の東アジア海洋圏と各国対応．成山堂書店，2013.

503.* 横山宏章，王雲海．対論! 日本と中国の領土問題．集英社，2013.

504. 黄文雄．なぜ中国人・韓国人は「反日」を叫ぶのか．宝島社，2013.

505. 惠隆之介．沖縄が中国になる日．育鵬社，2013.

506. 惠隆之介．中国が沖縄を奪う日．幻冬舎ルネッサンス，2013.

507. 吉澤国雄．中国の心理が読めれば、対中国戦略は見えてくる．東洋出版，2013.

508. 加瀬英明．われわれ日本人が尖閣を守る．髙木書房，2013.

509.* 加藤隆則．「反日」中国の真実．講談社，2013.

510. 菅沼光弘．この国を脅かす権力の正体．徳間書店，2013.

511.* 近藤大介．対中戦略：無益な戦争を回避するために．講談社，2013.

512. 近藤大介．日中「再」逆転．講談社，2013.

513. 井尻秀憲．迫りくる米中衝突の真実．PHP 研究所，2013.

514. 久保孝雄．変わる世界変われるか日本：対米自立と日中共生へ．東洋書店，2013.

515. 鈴置高史．中国という蟻地獄に落ちた韓国．日経 BP 社，2013.

516. 鈴置高史．中国に立ち向かう日本、つき従う韓国．日経 BP 社，2013.

517.* 劉傑，川島真．対立と共存の歴史認識：日中関係 150 年．東京大学出版会，2013.

518. 毛里一．台湾海峡紛争と尖閣諸島問題：米華相互防衛条約参戦条項にみるアメリカ軍．彩流社，2013.

519. 鳥居民．「反日」で生きのびる中国．草思社，2013.

520.* 平松茂雄．毛沢東と鄧小平の「百カ年計画」：中国人民解放軍の核・海洋・宇宙戦略を読む．オークラ出版，2013.

521. 浅井隆．日中開戦! 下．第二海援隊，2013.

522. 浅野勝人．日中反目の連鎖を断とう：北京大学講義録．NHK 出版，2013.

523. 青木直人．安倍晋三が第 2 の田中角栄になる日：「米中同盟」という国難．ベストセラーズ，2013.

524. 青山瑠妙．中国のアジア外交．東京大学出版会，2013.

525. 拳骨拓史．「反日思想」歴史の真実．扶桑社，2013.

526. 日高義樹．アメリカの新・中国戦略を知らない日本人．PHP 研究所，2013.

527. 山田吉彦，井上和彦．尖閣一触即発：中国の圧力を跳ね返すことが出来るのか．実業之日本社，2013.

528.* 杉山徹宗．中国の軍事力日本の防衛力．祥伝社，2013.

529. 杉田欣二．中国潮流：日中関係が困難なときだからこそ．日本僑報社，2013.

530. 石平．なぜ中国から離れると日本はうまくいくのか．PHP 研究所，2013.

531. 石平．日中新冷戦構造．イースト・プレス，2013.

532. 矢板明夫．戦わずして中国に勝つ方法．産経新聞出版，2013.

533. 矢吹晋．尖閣衝突は沖縄返還に始まる：日米中三角関係の頂点としての尖閣．花伝社，2013.

534. 藤野彰．「嫌中」時代の中国論：異質な隣人といかに向きあうか．柏艪舎，2013.

535. 天児慧．日中対立：習近平の中国をよむ．筑摩書房，2013.

536. 夏川和也．日中海戦はあるか：拡大する中国の海洋進出と、日本の対応．きずな出版，2013.

537.* 遠藤誉．チャイナ・ギャップ：噛み合わない日中の歯車．朝日新聞出版，2013.

538. 遠藤誉．完全解読「中国外交戦略」の狙い．ワック，2013.

539. 越智道雄．覇権国家アメリカの中国「新・封じ込め」戦略の全貌．李白社，2013.

540. 斎藤彰．中国 vs. アメリカ：覇権争いの新たな〈グレート・ゲーム〉．ウェッジ，2013.

541. 中島恵．中国人の誤解日本人の誤解．日本経済新聞出版社，2013.

542. 中居良文［ほか］．中国の対韓半島政策．御茶の水書房，2013.

543. 中園和仁．中国がつくる国際秩序．ミネルヴァ書房，2013.

544. 自衛隊の謎検証委員会．アジア最強の自衛隊の実力：中国軍・韓国軍との比較で見えてくる．彩図社，2013.

政治・社会・环境

545. 21 世紀中国総研．中国情報ハンドブック 2013 年版．蒼蒼社，2013.

546. 21 世紀中国総研．中国情報源 2013—2014 年版．蒼蒼社，2013.

547. Tokyo Panda. 80 后（バーリンホウ）・90 后（ジョウリンホウ）中国ネット世代の実態．エンターブレイン, 2013.

548. ラヂオプレス．中国組織別人名簿 2014．ジェイピーエムコーポレーション, 2013.

549. 愛知大学現代中国学部．ハンドブック現代中国（第 4 版）．あるむ, 2013.

550. 愛知大学現代中国学部中国現地研究実習委員会．学生が見た寧波社会：企業活動・都市生活・農村社会．愛知大学, 2013.

551. 奥窪優木．中国「猛毒食品」に殺される．扶桑社, 2013.

552. 北川秀樹［ほか］．現代中国法の発展と変容：西村幸次郎先生古稀記念論文集．成文堂, 2013.

553. 本田善彦．中国転換期の対話：オピニオンリーダー 24 人が語る．岩波書店, 2013.

554. 別冊宝島編集部．中国に生まれなくてよかった．宝島社, 2013.

555. 濱下武志．華僑・華人と中華網：移民・交易・送金ネットワークの構造と展開．岩波書店, 2013.

556. 朝日新聞中国総局．紅の党：完全版．朝日新聞出版, 2013.

557. 陳丹舟．中国反壟断法（独占禁止法）におけるカルテル規制と社会主義市場経済：産業政策と競争政策の「相剋」．早稲田大学出版部, 2013.

558. 川口幸大, 瀬川昌久．現代中国の宗教：信仰と社会をめぐる民族誌．昭和堂, 2013.

559. 崔学松．中国における国民統合と外来言語文化：建国以降の朝鮮族社会を中心に．創土社, 2013.

560. 大西康雄．習近平政権の中国：「調和」の次に来るもの．アジア経済研究所, 2013.

561. 大沢昇．現代中国：複眼で読み解くその政治・経済・文化・歴史．新曜社, 2013.

562. 大竹愼一, 入倉敬太．宿命…。欲望国家中国の宿命．［増補改訂版］．Mill House, 2013.

563. 丹羽宇一郎．北京烈日：中国で考えた国家ビジョン2050．文藝春秋, 2013.

564. 渡辺一枝．消されゆくチベット．集英社, 2013.

565. 福島香織［ほか］．アホでマヌケな中国．宝島社, 2013.

566. 福島香織［ほか］．世界で嫌われる中国：グローバル化する毒食品・大気

汚染・粗悪製品・新華僑の侵略被害．宝島社, 2013.

567. 福島香織．中国複合汚染の正体：現場を歩いて見えてきたこと．扶桑社, 2013.

568. 福島香織．中国絶望工場の若者たち：「ポスト女工哀史」世代の夢と現実 PHP 研究所, 2013.

569. 富坂聰．習近平と中国の終焉．角川マガジンズ, 2013.

570. 富坂聰．中国という大難．新潮社, 2013.

571. 高井潔司, 西茹共．新聞ジャーナリズム論：リップマンの視点から中国報道を読む．桜美林大学北東アジア総合研究所, 2013.

572. 高橋博, 21 世紀中国総研．中国最高指導者 who's who 2013—2018 年版．蒼蒼社, 2013.

573. 高田純．シルクロードの今昔：2012 年タリム盆地調査から見える未曾有の核爆発災害：僧侶と科学者の運命の出会い．医療科学社, 2013.

574. 宮崎正弘, 石平．2013 年後期の「中国」を予測する：習近平の断末魔の叫びが聞こえる．ワック, 2013.

575. 宮崎正弘, 石平．2014 年の「中国」を予測する：中国大陸から次々と逃げ出すヒトとカネ．ワック, 2013.

576. 宮崎正弘．中国共産党 3 年以内に崩壊する!?．海竜社, 2013.

577. 河合洋尚．景観人類学の課題：中国広州における都市環境の表象と再生．風響社, 2013.

578. 河添恵子．中国崩壊カウントダウン：世界と日本のこれから．明成社, 2013.

579. 河野英仁．中国商標法第三次改正の解説．発明推進協会, 2013.

580. 黄文雄, 石平．中国はもう終わっている．徳間書店, 2013.

581. 黄文雄．「複合汚染国家」中国．ワック, 2013.

582. 黄文雄．「食人文化」で読み解く中国人の正体：なぜ食べ続けてきたのか!?．ヒカルランド, 2013.

583. 吉岡桂子．問答有用：中国改革派 19 人に聞く．岩波書店, 2013.

584. 加藤隆則, 竹内誠一郎．習近平の密約．文藝春秋, 2013.

585. 加園旅人．広州夜話：バーのカウンターから見た素顔の中国．幻冬舎ルネッサンス, 2013.

586. 井尻秀憲．激流に立つ台湾政治外交史：李登輝, 陳水扁, 馬英九の25 年．ミネルヴァ書房, 2013.

587. 堀江義人．毛沢東が神棚から下りる日：中国民主化のゆくえ．平凡社，2013.

588. 林幸秀．科学技術大国中国：有人宇宙飛行から原子力、iPS 細胞まで．中央公論新社，2013.

589. 林怡蓉．台湾社会における放送制度：デリベラティヴ・デモクラシーとマスメディアの規範理論の新たな地平．晃洋書房，2013.

590. 鈴木隆，田中周．転換期中国の政治と社会集団．国際書院，2013.

591. 劉傑．中国の強国構想：日清戦争後から現代まで．筑摩書房，2013.

592. 鳥居民．それでも戦争できない中国：中国共産党が恐れているもの．草思社，2013.

593. 浅野和生．台湾民主化のかたち：李登輝総統から馬英九総統まで．展転社，2013.

594.* 橋爪大三郎［ほか］．おどろきの中国．講談社，2013.

595. 邱海涛．いま中国で起きている大破局の真相：現地からの緊急警告．徳間書店，2013.

596.* 日本国際問題研究所．政権交代期の中国：胡錦濤時代の総括と習近平時代の展望．日本国際問題研究所，2013.

597. 日本経済新聞社．習近平に中国は変えられるか：「超大国」への狭き道．日本経済新聞出版社，2013.

598. 澁谷司．中国高官が祖国を捨てる日：中国が崩壊する時、世界は震撼する．経済界，2013.

599. 森本俊彦．体験的中国論抄：中国の顔かたち．文芸社，2013.

600. 森川伸吾［ほか］．中国法務ハンドブック．中央経済社，2013.

601. 沈才彬．大研究！中国共産党．角川マガジンズ，2013.

602. 石平．「全身病巣」国家・中国の死に方：蝕まれた虚像の大国が悲鳴を上げる．宝島社，2013.

603. 石平．「歪んだ経済」で読み解く中国の謎：習近平と中国は何を狙っている？．ワニ・プラス，2013.

604. 石平．中国人の嘘にだまされない7つの方法．宝島社，2013.

605.* 石原邦雄［ほか］．現代中国家族の多面性．弘文堂，2013.

606. 松永光平．中国の水土流失：史的展開と現代中国における転換点．勁草書房，2013.

607. 天野一哉．中国はなぜ「学力世界一」になれたのか：格差社会の超エリート教育事情．中央公論新社，2013.

608. 田中信行．はじめての中国法．有斐閣，2013.

609. 丸川哲史．思想課題としての現代中国：革命・帝国・党．平凡社, 2013.

610. 武小燕．改革開放後中国の愛国主義教育：社会の近代化と徳育の機能を
めぐって．大学教育出版, 2013.

611. 項純．現代中国における教育評価改革：素質教育への模索と課題．日本
標準, 2013.

612. 謝佳君．共同正犯と従犯の区別に関する研究：日中比較法的考察．早稲
田大学出版部, 2013.

613. 星純子．現代台湾コミュニティ運動の地域社会学：高雄県美濃鎮におけ
る社会運動、民主化、社区総体営造．御茶の水書房, 2013.

614. 興梠一郎．中国目覚めた民衆：習近平体制と日中関係のゆくえ．NHK 出
版, 2013.

615. 徐友漁［ほか］．文化大革命の遺制と闘う：徐友漁と中国のリベラリズ
ム．社会評論社, 2013.

616. 楊海英．中国とモンゴルのはざまで：ウラーンフーの実らなかった民族
自決の夢．岩波書店, 2013.

617. 依久井祐．もうひとつのチャイナリスク：知財大国中国の恐るべき国家
戦略．三和書籍, 2013.

618.* 于建明．中国都市部における中年期男女の夫婦関係に関する質的研究：
ライフコース論の視点から．日本僑報社, 2013.

619. 原田曜平, 加藤嘉一．これからの中国の話をしよう．講談社, 2013.

620. 園田茂人．はじめて出会う中国．有斐閣, 2013.

621.* 在中日本人 108 人プロジェクト．在中日本人 108 人のそれでも私たちが
中国に住む理由．阪急コミュニケーションズ, 2013.

622. 増田悦佐．中国自壊：賢すぎる支配者の悲劇．東洋経済新報社, 2013.

623. 張光雲．中国刑法における犯罪概念と犯罪の構成：日本刑法との比較を
交えて．専修大学出版局, 2013.

624. 中嶋嶺雄．中国とは何か：建国以来の真実と影．PHPパブリッシン
グ, 2013.

625. 中国研究所．中国年鑑．2013．中国研究所；2013.

626.* 竹内実, 桜美林大学北東アジア総合研究所．変わる中国 変わらぬ中国．
桜美林大学北東アジア総合研究所, 2013.

627. 竹田恒泰．面白いけど笑えない中国の話．ビジネス社, 2013.

经济·资源·发展

628. 21 世紀中国総研. 中国進出企業一覧. 2013 年版, 北京·上海篇. 蒼蒼社, 2013.

629. 21 世紀中国総研. 中国進出企業一覧. 2013—2014 年版, 上場会社篇. 蒼蒼社, 2013.

630. WIPジャパン株式会社. 中国市場向け通信販売のノウハウ:「アウェイ」で攻める!. 中央経済社, 2013.

631. ジェトロ. 中国データ·ファイル 2013 年版. ジェトロ, 2013.

632. 池部亮. 東アジアの国際分業と「華越経済圏」:広東省とベトナムの生産ネットワーク. 新評論, 2013.

633. 池上寛. アジアにおける海上輸送と中韓台の港湾. アジア経済研究所, 2013.

634. 川本裕子, 早稲田大学ファイナンス研究センター. 中国ビジネスを理解する:大局をつかむ11の論点. 中央経済社, 2013.

635. 川出圭司. 中国市場の真相:縮む日本伸びる中国マーケットは救世主となるか? 商業界, 2013.

636. 川村雄介, 大和総研. 習近平時代の中国人民元がわかる本. 近代セールス社, 2013.

637. 川村雄介, 日本証券経済研究所. 最新中国金融·資本市場. 金融財政事情研究会, 2013.

638. 川井伸一. 中国多国籍企業の海外経営:東アジアの製造業を中心に. 日本評論社, 2013.

639. 村上勝彦, 松本光太郎. 中国雲南の開発と環境. 日本経済評論社, 2013.

640. 大島賢洋. 実録·中国投資家地獄めぐり. 太田出版, 2013.

641.* 大橋英夫, 21 世紀政策研究所. ステート·キャピタリズムとしての中国:市場か政府か. 勁草書房, 2013.

642. 竇少杰. 中国企業の人的資源管理. 中央経済社, 2013.

643. 渡邉真理子. 中国の産業はどのように発展してきたか. 勁草書房, 2013.

644. 渡辺達朗, 流通経済研究所. 中国流通のダイナミズム:内需拡大期における内資系企業と外資系企業の競争. 白桃書房, 2013.

645. 范立君. 現代中国の中小企業金融:中国型リレーションシップ·レンディングの展開の実情と課題. 時潮社, 2013.

646. 服部和夫．中国品質は日本の脅威になるか：中国企業、品質管理の実態と提案．文芸社, 2013.

647. 福田一徳．日本と中国のレアアース政策．木鐸社, 2013.

648.* 副島隆彦．それでも中国は巨大な成長を続ける．ビジネス社, 2013.

649. 岡本信広．中国：奇跡的発展の「原則」．アジア経済研究所, 2013.

650. 宮崎正弘．世界は金本位制に向かっている：金で世界支配を目論む中国．扶桑社, 2013.

651. 宮崎正弘．中国バブル崩壊が始まった．海竜社, 2013.

652. 関西学院大学産業研究所．関西と中国東北地域との経済交流を考える：関西学院大学・吉林大学『第 5 回日中経済社会発展フォーラム〈2012〉報告書』．関西学院大学産業研究所, 2013.

653. 関志雄．中国二つの罠：待ち受ける歴史的転機．日本経済新聞出版社, 2013.

654. 国際貿易投資研究所．ASEAN・中国 FTA（ACFTA）の運用状況調査事業結果：報告書 平成 24 年度．国際貿易投資研究所, 2013.

655. 国際貿易投資研究所．ASEAN・中国 FTA（ACFTA）の運用実態に関する現地調査に係る調査研究報告書．国際貿易投資研究所, 2013.

656. 和中清．中国の成長と衰退の裏側：現場を歩くビジネスマンだからこそわかる．総合科学出版, 2013.

657. 河添恵子．だから中国は日本の農地を買いにやって来る：TPPのためのレポート．産経新聞出版, 2013.

658.* 加藤弘之［ほか］．21 世紀の中国・経済篇，国家資本主義の光と影．朝日新聞出版, 2013.

659. 加藤弘之．「曖昧な制度」としての中国型資本主義．NTT 出版, 2013.

660. 兼村智也．生産技術と取引関係の国際移転：中国における自動車用金型を例に．柘植書房新社, 2013.

661. 津上俊哉．中国台頭の終焉．日本経済新聞出版社, 2013.

662. 厲無畏，王敏．創意（クリエイティビティ）は中国を変える：中国トッププリーダーの視点．三和書籍, 2013.

663. 南亮進［ほか］．中国経済の転換点．東洋経済新報社, 2013.

664. 青木直人．誰も書かない中国進出企業の非情なる現実．祥伝社, 2013.

665. 三橋貴明．日本経済は、中国がなくてもまったく心配ない．ワック, 2013.

666. 上念司．悪中論：中国がいなくても、世界経済はまわる．宝島社, 2013.

667. 神田健策，大島一二．中国農業の市場化と農村合作社の展開．筑波書房，2013．

668. 石山嘉英．中国リスクと日本経済．日本経済評論社，2013．

669. 唐沢昌敬．中国哲学と現代科学：気と理に導かれた「正しい経営」．慶應義塾大学出版会，2013．

670. 田代秀敏．中国経済の真相：中国ニュースは「27のウソ」をつく！．中経出版，2013．

671. 田中英式．直接投資と技術移転のメカニズム：台湾の社会的能力と二次移転．中央経済社，2013．

672. 童適平．中国の金融制度．勁草書房，2013．

673. 丸川知雄．チャイニーズ・ドリーム：大衆資本主義が世界を変える．筑摩書房，2013．

674. 丸川知雄．現代中国経済．有斐閣，2013．

675. 魏宏標．中国天然ガス市場自由化と不可欠施設の開放・分離規制の在り方：日本欧州の経験を中国に．早稲田大学出版部，2013．

676. 翁貞瓊，禹宗杬．中国民営企業の雇用関係と企業間関係．明石書店，2013．

677.＊下村恭民，大橋英夫，日本国際問題研究所．中国の対外援助．日本経済評論社，2013．

678.＊小川英治，資本市場研究会．中国資本市場の現状と課題：日中資本市場協力研究会リポート．資本市場研究会，2013．

679. 楊秋麗．中国大型国有企業の経営システム改革：中国石油天然ガス集団公司を中心として．晃洋書房，2013．

680.＊元木靖．中国変容論：食の基盤と環境．海青社，2013．

681. 澤津直也．日中経済産業白書．2012/2013（逆風転じ中国ビジネス新展開の道探れ）．日中経済協会，2013．

682. 真家陽一．中国新時代の経営戦略．ジェトロ，2013．

683. 朱永浩．中国東北経済の展開：北東アジアの新時代．日本評論社，2013．

684. 佐藤敦信．日本産農産物の対台湾輸出と制度への対応．農林統計出版，2013．

历史・思想・文化

685. エルニーニョ深沢．パーリャン小学校の思い出：中国雲南省の辺境地に小学校を作る. 蛙ブックス, 2013.

686. ことわざ学会, 北村孝一. ことわざ資料叢書. 第 4 輯 第 10 巻, 唐話纂要・北京俗語児典. クレス出版, 2013.

687. まどか出版. 日本人、台湾を拓く：許文龍氏と胸像の物語. まどか出版, 2013.

688. 阿部洋. 日本植民地教育政策史料集成. 台湾篇第 68 巻—第 77 巻（第 8 集 2 学校要覧類下）. 龍溪書舎, 2013.

689. 安本美典. 大炎上「三角縁神獣鏡＝魏鏡説」：これはメイド・イン・ジャパン鏡だ. 勉誠出版, 2013.

690. 安藤久美子. 孫文の社会主義思想：中国変革の道. 汲古書院, 2013.

691. 安田喜憲. 稲作漁撈文明：長江文明から弥生文化へ. 雄山閣, 2013.

692. 安野省三. 明清史散論. 汲古書院, 2013.

693.* 奥村哲. 変革期の基層社会：総力戦と中国・日本. 創土社, 2013.

694. 八木春生. 中国仏教造像の変容：南北朝後期および隋時代. 法藏館, 2013.

695. 百瀬孝. 戦前期領土問題資料集. 第 2 巻, 満洲に於ける帝国の権利、日支交渉論. クレス出版, 2013.

696. 百瀬孝. 戦前期領土問題資料集. 第 3 巻, 上海外国居留地行政概論、膠州湾. クレス出版, 2013.

697. 坂口和澄. 正史三國志群雄銘銘傳. 潮書房光人社, 2013.

698. 本庄比佐子［ほか］. 華北の発見. 東洋文庫, 2013.

699. 濱下武志, 李培德. 香港都市案内集成. 第 1 巻. ゆまに書房, 2013.

700. 濱下武志, 李培德. 香港都市案内集成. 第 2 巻. ゆまに書房, 2013.

701. 濱下武志, 李培德. 香港都市案内集成. 第 3 巻. ゆまに書房, 2013.

702. 濱下武志, 李培德. 香港都市案内集成. 第 4 巻. ゆまに書房, 2013.

703. 濱下武志, 李培德. 香港都市案内集成. 第 5 巻. ゆまに書房, 2013.

704. 濱下武志, 李培德. 香港都市案内集成. 第 6 巻. ゆまに書房, 2013.

705.* 氷上正［ほか］. 近現代中国の芸能と社会：皮影戯・京劇・説唱. 好文出版, 2013.

706. 倉山満. 嘘だらけの日中近現代史. 扶桑社, 2013.

707. 曽田三郎. 中華民国の誕生と大正初期の日本人. 思文閣出版, 2013.

708. 柴田善雅. 中国における日系煙草産業 1905—1945. 水曜社, 2013.

709. 池尻陽子. 清朝前期のチベット仏教政策：扎薩克喇嘛制度の成立と展開. 汲古書院, 2013.

710. 赤嶺守［ほか］．中国と琉球人の移動を探る：明清時代を中心としたデータの構築と研究．彩流社，2013.

711. 沖本克己．沖本克己仏教学論集 2 巻．山喜房佛書林，2013.

712. 川邉雄大．東本願寺中国布教の研究．研文出版，2013.

713. 川口幸大．東南中国における伝統のポリティクス：珠江デルタ村落社会の死者儀礼・神祇祭祀・宗族組織．風響社，2013.

714.*川勝博士記念論集刊行会．川勝守・賢亮博士古稀記念東方学論集．汲古書院，2013.

715. 川勝守．中国改革開放の歴史と日中学術交流．汲古書院，2013.

716. 春山明哲．戦前期の台湾出版目録：帝国日本の「全国」書誌編成．別巻；第 1 巻—第 4 巻．金沢文圃閣，2013.

717. 村上衛．海の近代中国：福建人の活動とイギリス・清朝．名古屋大学出版会，2013.

718.*村田忠禧．日中領土問題の起源：公文書が語る不都合な真実．花伝社，2013.

719. 大倉集古館，板倉聖哲．描かれた都：開封・杭州・京都・江戸．東京大学出版会，2013.

720. 大川豊．中国の日本語教師：団塊世代は中国を目指す！．長崎出版，2013.

721. 大里浩秋［ほか］．日華学報．第 56 号—第 60 号，昭和 11 年 6 月 8 月 11 月 12 月／昭和 12 年 3 月．ゆまに書房，2013.

722. 大里浩秋［ほか］．日華学報．第 61 号—第 66 号，昭和 12 年 3 月 8 月 11 月 12 月／昭和 13 年 2 月．ゆまに書房，2013.

723. 大里浩秋［ほか］．日華学報．第 67 号—第 74 号，昭和 13 年 6 月 8 月 10 月 12 月／昭和 14 年 3 月 5 月 7 月．ゆまに書房，2013.

724. 大里浩秋［ほか］．日華学報．第 75 号—第 82 号，昭和 14 年 9 月 12 月／昭和 15 年 3 月 5 月 7 月 9 月 11 月．ゆまに書房，2013.

725. 大里浩秋［ほか］．日華学報．第 83 号—第 89 号，昭和 16 年 2 月 4 月 9 月 11 月／昭和 17 年 1 月 03 月 05 月．ゆまに書房，2013.

726. 大里浩秋［ほか］．日華学報．第 90 号—第 97 号，昭和 17 年 7 月 9 月 11 月／昭和 19 年 6 月／昭和 20 年 10 月．ゆまに書房，2013.

727. 大里浩秋，李廷江．辛亥革命とアジア：神奈川大学での辛亥 100 年シンポ報告集．御茶の水書房，2013.

728. 大里浩秋．戦後日本と中国・朝鮮：プランゲ文庫を一つの手がかりとして．研文出版，2013.

729. 大内文雄．南北朝隋唐期佛教史研究．法藏館，2013.

730. 稲畑耕一郎．中国皇帝伝．中央公論新社，2013.

731. 稲羽太郎．歴史は西から東へ：古代オリエント史と古代中国史は実は同一の歴史だった．鳥影社，2013.

732. 渡邊義浩，髙橋康浩．晉書校補帝紀 1 大東文化大學東洋研究所，2013.

733. 渡邊義浩．ビジュアル三国志 3000 人：三国の覇者・軍師から時代を超えた三国志ゆかりの人物まで．世界文化社，2013.

734. 渡部昇一．日本は中国（シナ）にどう向き合うか．ワック，2013.

735. 渡辺信一郎．中国古代の楽制と国家：日本雅楽の源流．文理閣，2013.

736. 飯島武次．中国渭河流域の西周遺跡 2．同成社，2013.

737. 福島香織．現代中国悪女列伝．文藝春秋，2013.

738. 副島隆彦，石平．中国人の本性：歴史・思想・宗教で読み解く．李白社，2013.

739. 富永一登．中国古小説の展開．研文出版，2013.

740.* 岡本隆司．近代中国史．筑摩書房，2013.

741. 岡本隆司．中国経済史．名古屋大学出版会，2013.

742. 岡部隆志．神話と自然宗教（アニミズム）：中国雲南省少数民族の精神世界．三弥井書店，2013.

743. 岡田武彦．林良斎と池田草菴．明徳出版社，2013.

744.* 岡田英弘．康煕帝の手紙［増補訂版］．藤原書店，2013.

745. 岡田英樹．文学にみる「満洲国」の位相．続．研文出版，2013.

746. 髙橋基人．こんなにちがう中国各省気質：31 地域・性格診断．草思社，2013.

747. 髙橋継男．中国石刻関係図書目録（2008—2012 前半）稿．明治大学東アジア石刻文物研究所，2013.

748. 髙橋康浩．英雄たちで知る三国志：知れば知るほど面白い．実業之日本社，2013.

749. 髙澤浩一．近出殷周金文考釈 第 2 集（陝西省 四川省 内蒙古 山西省）．研文出版，2013.

750. 根本康彦．会計士の見た上海 20 年：駐在員の喜怒哀楽．海事プレス社，2013.

751. 工藤量導．迦才『浄土論』と中国浄土教：凡夫化土往生説の思想形成．法藏館，2013.

752. 宮崎正弘．出身地を知らなければ、中国人は分らない．ワック，2013.

753.* 宮脇淳子. 真実の満洲史［1894—1956］. ビジネス社, 2013.

754. 古川勝三. 日本人に知ってほしい「台湾の歴史」創風社出版, 2013.

755. 古田和子. 中国の市場秩序：17 世紀から20 世紀前半を中心に. 慶應義塾大学出版会, 2013.

756. 広瀬順皓. 一五年戦争期東アジア経済史資料. 第5 巻, 台湾経済史研究. クレス出版, 2013.

757. 広瀬順皓. 一五年戦争期東アジア経済史資料. 第4 巻, 奉天経済三十年史. クレス出版, 2013.

758. 広瀬順皓. 一五年戦争期東アジア経済史資料. 第3 巻, 近代支那経済史. クレス出版, 2013.

759. 広中一成. ニセチャイナ：満洲・蒙疆・冀東・臨時・維新・南京. 社会評論社, 2013.

760. 桂紹隆［ほか］. 大乗仏教のアジア. 春秋社, 2013.

761.* 貴志俊彦［ほか］, 近現代資料刊行会. 中国占領地の社会調査. 近現代資料刊行会, 2013.

762. 国分良成［ほか］. 日中関係史. 有斐閣, 2013.

763. 国分良成, 小嶋華津子. 現代中国政治外交の原点. 慶應義塾大学出版会, 2013.

764. 国立文化財機構奈良文化財研究所. 朝陽地区隋唐墓の整理と研究. 国立文化財機構奈良文化財研究所, 2013.

765. 韓子勇. 大きな愛に境界はない：大愛無疆 小島精神と新疆30 年. 日本僑報社, 2013.

766. 何彬. 中国東南地域の民俗誌的研究：漢族の葬儀・死後祭祀と墓地. 日本僑報社, 2013.

767. 和田登. 望郷の鐘：中国残留孤児の父・山本慈昭. しなのき書房, 2013.

768. 鶴間和幸. 秦帝國の形成と地域. 汲古書院, 2013.

769. 後藤裕也. 語り物「三国志」の研究. 汲古書院, 2013.

770. 戸毛敏美. 中国ビジネス通訳裏話：だから、漢語はおもしろい!. 東方書店, 2013.

771. 荒俣宏［ほか］. 賢人の中国古典：論語、孫子、三国志から得る珠玉の言葉。現代ビジネスにも通じる人間力を学べ!. 幻冬舎, 2013.

772. 黄文雄. 学校では絶対に教えない植民地の真実：朝鮮・台湾・満州. ビジネス社, 2013.

773. 黄文雄. 真実の中国史 1949—2013. ビジネス社, 2013.

774. 吉田公平教授退休記念論集刊行会．哲学資源としての中国思想：吉田公平教授退休記念論集．研文出版，2013.

775. 吉澤誠一郎．歴史からみる中国．放送大学教育振興会，2013.

776. 加地伸行．中国人の論理学．筑摩書房，2013.

777. 加藤徹．絵でよむ漢文［新版］．朝日出版社，2013.

778. 加藤隆三木．中国の美意識・日本の美意識．小学館スクウェア，2013.

779. 甲斐ますみ．台湾における国語としての日本語習得：台湾人の言語習得と言語保持、そしてその他の植民地との比較から．ひつじ書房，2013.

780. 榎本淳一．古代中国・日本における学術と支配．同成社，2013.

781. 榎本渉．南宋・元代日中渡航僧伝記集成：附江戸時代における僧伝集積過程の研究．勉誠出版，2013.

782. 菅沼愛語．7世紀後半から8世紀の東部ユーラシアの国際情勢とその推移：唐・吐蕃・突厥の外交関係を中心に．溪水社，2013.

783. 筧文生，野村鮎子．四庫提要宋代總集研究．汲古書院，2013.

784. 金子典正．アジアの芸術史．造形篇1，中国の美術と工芸．京都造形芸術大学東北芸術工科大学出版局藝術学舎，2013.

785. 金子修一．大唐元陵儀注新釈．汲古書院，2013.

786. 井波律子．一陽来復：中国古典に四季を味わう．岩波書店，2013.

787. 井黒忍．分水と支配：金・モンゴル時代華北の水利と農業．早稲田大学出版部，2013.

788. 井田裕二郎．鄙に生きる：中国少数民族：井田裕二郎写真集．日本写真企画，2013.

789. 堀地明．明治日本と中国米：輸出解禁をめぐる日中交渉．中国書店，2013.

790. 李素槙．日本人を対象とした旧「満洲」中国語検定試験の研究．文化書房博文社，2013.

791. 立命館大学白川静記念東洋文字文化研究所．白川静を読むときの辞典．平凡社，2013.

792. 立石展大．日中民間説話の比較研究．汲古書院，2013.

793. 栗原純，鍾淑敏．近代台湾都市案内集成．第1—6巻．ゆまに書房，2013.

794. 林田愼之助．中国文学その人生の時．創文社，2013.

795. 鈴木貞美，李征．上海一〇〇年：日中文化交流の場所．勉誠出版，2013.

796. 劉文兵．中国抗日映画・ドラマの世界．祥伝社，2013.

797. 柳川順子．漢代五言詩歌史の研究．創文社，2013.

798. 馬彪．秦帝国の領土経営：雲夢龍崗秦簡と始皇帝の禁苑．京都大学学術出版会，2013.

799. 茂木計一郎．並べてみると、好かれ悪しかれ、私の現れ．目の眼，2013.

800. 梅棹忠夫［ほか］．梅棹忠夫のモンゴル調査スケッチ原画集．人間文化研究機構国立民族学博物館，2013.

801. 木津祐子．琉球写本『人中畫』四巻付『白姓』．臨川書店，2013.

802. 奈良文化財研究所．河南省鞏義市白河窯跡の発掘調査概報．国立文化財機構奈良文化財研究所，2013.

803. 奈良県立橿原考古学研究所附属博物館．海でつながる倭と中国：邪馬台国の周辺世界．新泉社，2013.

804. 内藤湖南．支那論．文藝春秋，2013.

805. 内藤明宏．なぜ中国はこんなにも世界で嫌われるのか．幻冬舎，2013.

806. 棚瀬慈郎．旅とチベットと僕：あるいはシャンバラ国の実在について．講談社，2013.

807. 片岡幸雄．中国対外経済貿易体制史上・溪水社，2013.

808. 平沢健一，安藤雅旺．中国に入っては中国式交渉術に従え！：外人・熟人・自己人を理解すれば失敗しない．日刊工業新聞社，2013.

809. 齊藤隆信．漢語仏典における偈の研究．法藏館，2013.

810. 氣賀澤保規．中国中世仏教石刻の研究．勉誠出版，2013.

811. 前島佳孝．西魏・北周政権史の研究．汲古書院，2013.

812. 浅野裕一，小沢賢二．浙江大『左伝』真偽考．汲古書院，2013.

813.* 青木茂．万人坑を訪ねる：満州国の万人坑と中国人強制連行．緑風出版，2013.

814. 慶応義塾大学法学部・第一次上海事変と日本のマスメディア．慶應義塾大学法学部政治学科玉井清研究会，2013.

815.* 秋吉久紀夫．中国現代詩人論．土曜美術社，2013.

816. 日本放送協会，NHK 出版．漢詩をよむ 2013 年 10 月～2014 年 3 月．NHK 出版，2013.

817. 日本放送協会，NHK 出版．漢詩をよむ 2013 年 4 月～9 月．NHK 出版，2013.

818. 日本孫文研究会．グローバルヒストリーの中の辛亥革命：辛亥革命 100 周年記念国際シンポジウム（神戸会議）論文集．汲古書院，2013.

819. 三船順一郎．遥かなる遣唐使の道．ミヤオビパブリッシング，2013.

820. 三谷孝．現代中国秘密結社研究．汲古書院，2013.

821.* 三山陵．フルカラーで楽しむ中国年画の小宇宙：庶民の伝統藝術．勉誠出版，2013.

822. 森平雅彦．モンゴル覇権下の高麗：帝国秩序と王国の対応．名古屋大学出版会，2013.

823. 森時彦．長江流域社会の歴史景観．京都大学人文科学研究所，2013.

824. 森雅子．神女列伝．慶應義塾大学出版会，2013.

825. 山本達也．舞台の上の難民：チベット難民芸能集団の民族誌．法藏館，2013.

826. 山本英史．図解すぐに理解できる！中国歴代王朝と英雄たち：中国4000年の歴史を一気読み！．綜合図書，2013.

827.* 山田辰雄，松重充浩．蔣介石研究：政治・戦争・日本．東方書店，2013.

828. 山田美香．日本植民地・占領下の少年犯罪：台湾を中心に．成文堂，2013.

829. 山田智，黒川みどり．内藤湖南とアジア認識：日本近代思想史からみる．勉誠出版，2013.

830. 杉野圀明．江湖と高楼：華中バス紀行．文理閣，2013.

831. 杉之尾宜生，西田陽一．孫子がわかれば、中国がわかる：戦略古典の本質．ダイヤモンド社，2013.

832. 上河内美和．かわいい中国の吉祥切り紙：しあわせを願う形、88種170図案．誠文堂新光社，2013.

833. 深町英夫．身体を躾ける政治：中国国民党の新生活運動．岩波書店，2013.

834. 石川公弘．二つの祖国を生きた台湾少年工．並木書房，2013.

835. 石川禎浩，狹間直樹．近代東アジアにおける翻訳概念の展開：京都大学人文科学研究所附属現代中国研究センター研究報告．京都大学人文科学研究所 2013.

836.* 矢嶋美都子．佯狂：古代中国人の処世術．汲古書院，2013.

837.* 手代木有児．清末中国の西洋体験と文明観．汲古書院，2013.

838. 守屋洋，HSエディターズ・グループ．逆境をはねかえす不屈の生き方：中国古典に学ぶ7つの逆転人生．幸福の科学出版，2013.

839. 松浦章．近世中国朝鮮交渉史の研究．思文閣出版，2013.

840. 松田利彦，陳姃湲．地域社会から見る帝国日本と植民地：朝鮮・台湾・満州．思文閣出版，2013.

841. 孫蓮花．多民族国家における言語生活研究：中国朝鮮語の呼称に着目し

て．宮帯出版社

842. 檀上寛．明代海禁＝朝貢システムと華夷秩序．京都大学学術出版会，2013.

843. 藤井律之．魏晋南朝の遷官制度．京都大学学術出版会，2013.

844. 藤善眞澄．中国佛教史研究：隋唐佛教への視角．法藏館，2013.

845. 藤田勝久．東アジアの資料学と情報伝達．汲古書院，2013.

846. 藤野陽平．台湾における民衆キリスト教の人類学：社会的文脈と癒しの実践．風響社，2013.

847. 天児慧．日中「歴史の変わり目」を展望する：日中関係再考．勁草書房，2013.

848.＊天児慧．中華人民共和国史［新版］．岩波書店，2013.

849. 田嶋信雄．ナチス．ドイツと中国国民政府：一九三三～一九三七．東京大学出版会，2013.

850. 土肥義和．敦煌・吐魯番出土漢文文書の新研究．東洋文庫，2013.

851. 土屋育子．中國戯曲テキストの研究．汲古書院，2013.

852. 丸井憲．唐詩韻律論：拗體律詩の系譜．研文出版，2013.

853. 丸田孝志．革命の儀礼：中国共産党根拠地の政治動員と民俗．汲古書院，2013.

854. 王敏．中国人の「超」歴史発想：食・職・色．中央公論新社，2013.

855.＊王雪萍．戦後日中関係と廖承志：中国の知日派と対日政策．慶應義塾大学出版会，2013.

856. 王振宇．中国湖南省西南部の口承文学：邵陽県蔡橋郷の民話・山歌・謎々（国際音声記号・英訳付）．三恵社，2013

857. 尾崎雄二郎．中国文化史大事典．大修館書店，2013.

858. 梶山智史．北朝隋代墓誌所在総合目録．明治大学東アジア石刻文物研究所，2013.

859. 梶丸岳．山歌の民族誌：歌で詞藻（ことば）を交わす．京都大学学術出版会，2013.

860. 西原哲也．李嘉誠：香港財閥の興亡．エヌ・エヌ・エー，2013.

861. 細川護熙．中国詩心（うたごころ）を旅する．文藝春秋，2013.

862. 下村玲児．ぶらり上海文明考：普通のおじさんが見て感じた中国、そして中国人．文芸社，2013.

863. 下村作次郎［ほか］．台湾原住民族の音楽と文化．草風館，2013.

864. 現代日中関係史年表編集委員会．現代日中関係史年表：1950—1978．岩波書店，2013.

865. 小川後楽．茶の精神（こころ）をたずねて：時を追い、地を駆けて．平凡社，2013.

866. 小川裕充，板倉聖哲．中國繪畫總合圖録 3 編第 1 巻（アメリカ・カナダ篇 1）．東京大学出版会，2013.

867. 小谷一郎．創造社研究：創造社と日本．汲古書院，2013.

868. 小林純子．チャイナ・ルール：不可解中国人の行動原理．双葉社，2013.

869. 小林弘二．グローバル化時代の中国現代史 1917—2005：米・ソとの協調と対決の軌跡．筑摩書房，2013.

870.＊ 小林隆道．宋代中国の統治と文書．汲古書院，2013.

871. 小林一美．中共革命根拠地ドキュメント：一九三〇年代、コミンテルン、毛沢東、赤色テロリズム、党内大粛清．御茶の水書房，2013.

872. 篠原昭，島亨．神々の発光：中国新石器時代紅山文化玉器造形：1924—1937 年収集．山羊舎，2013.

873. 熊本史雄．大戦間期の対中国文化外交：外務省記録にみる政策決定過程．吉川弘文館，2013.

874. 須藤護．雲南省ハニ族の生活誌：移住の歴史と自然・民族・共生．ミネルヴァ書房，2013.

875. 岩佐昌暲．中国現代詩史研究．汲古書院，2013.

876. 塩山正純．初期中国語訳聖書の系譜に関する研究．白帝社，2013.

877. 塩沢裕仁．後漢魏晋南北朝都城境域研究．雄山閣，2013.

878. 楊海英．モンゴル人ジェノサイドに関する基礎資料．5，被害者報告書 1．風響社，2013.

879. 楊海英．植民地としてのモンゴル：中国の官制ナショナリズムと革命思想．勉誠出版，2013.

880. 一校舎三国志研究会．今に生きる諸葛孔明知勇の言葉．永岡書店，2013.

881. 伊藤充久［ほか］．愛知・大府飛行場における中国人強制連行・強制労働：中国での生存者・遺族の聞き取り、愛知及び北海道での調査、地崎組報告書（外務省報告書）全文、追悼・補償の取り組み：調査報告書．愛知・大府飛行場中国人強制連行被害者を支援する会，2013.

882. 伊藤徳也．周作人と日中文化史．勉誠出版，2013.

883. 伊藤清司，慶應義塾大学古代中国研究会．中国の神獣・悪鬼たち：山海経の世界．東方書店，2013.

884. 伊藤滋．中国古代瓦の美：文字・画像・紋様の面白さ．郵研社，2013.

885. 伊原弘，市來津由彦，須江隆．中国宋代の地域像：比較史からみた専制国家と地域．岩田書院，2013.

886. 宇都木章．春秋時代の貴族政治と戦乱．比較文化研究所，2013.

887. 宇治郷毅．石坂荘作の教育事業：日本統治期台湾における地方私学教育の精華．晃洋書房，2013.

888. 早稲田大学會津八一記念博物館．池部政次コレクションの中国明清の書画．早稲田大学會津八一記念博物館，2013.

889. 増田彰久，藤森照信．近代建築のアジア：歴史遺産 1（中国 1）．柏書房，2013.

890. 斎藤道彦．中国への多角的アプローチ 2．中央大学出版部，2013.

891. 張競．中華料理の文化史．筑摩書房，2013.

892. 植草信和［ほか］．「証言」日中映画興亡史．蒼蒼社，2013.

893. 中村圭爾．六朝政治社會史研究．汲古書院，2013.

894. 中村祐哉．上海の摩天楼を吹き抜けるビル風はどこに向かい北京の五星紅旗はどこにたなびくのか．ブイツーソリューション，2013.

895. 中島利郎．日本人作家の系譜：日本統治期台湾文学研究．研文出版，2013.

896. 中島英機．こんなに面白い似て非なる日中の漢字．文芸社，2013.

897. 中島楽章，伊藤幸司．寧波と博多．汲古書院，2013.

898. 中見立夫．「満蒙問題」の歴史的構図．東京大学出版会，2013.

899. 中山大樹．現代中国独立電影：最新非政府系中国映画ドキュメンタリー&フィクションの世界．講談社，2013.

900. 中西輝政．帝国としての中国：覇権の論理と現実．東洋経済新報社，2013.

901. 中西竜也．中華と対話するイスラーム：17—19 世紀中国ムスリムの思想的営為．京都大学学術出版会，2013.

902. 塚田誠之．西南中国少数民族の文化資源の"いま"．人間文化研究機構国立民族学博物館，2013.

903. 猪崎直道．ピュア禅：悟りについてよくわかる中国禅僧列伝 ナチュラルスピリット，2013.

904. 椎名宏雄．五山版中国禅籍叢刊 第 10 巻（詩文・尺牘）．臨川書店，2013.

905. 椎名宏雄．五山版中国禅籍叢刊 第 7 巻（語録 2）．臨川書店，2013.

906. 椎名宏雄．五山版中国禅籍叢刊 第 9 巻（語録 4）．臨川書店，2013.

907. 佐高信．友好の井戸を掘った人たち．岩波書店，2013.

908. 佐藤仁史. 近代中国の郷土意識: 清末民初江南の在地指導層と地域社会.
　　　研文出版, 2013.
909. ダライ・ラマ法王［ほか］. こころを学ぶ: ダライ・ラマ法王仏教者と
　　　科学者の対話. 講談社, 2013.
910. 幕田魁心, 沈和年. シルクロード: 書家と画家が旅する. 木耳社, 2013.

法文著作目录

外交·国防·安全

911. Banyongen, Serge. *Rôle et responsabilité des acteurs africains dans les relations si-no-africaines：ethnographie et sociogenèse des stratégies de réceptivité.* L'Harmattan, 2013.

912. Bensacq-Tixier, Nicole. *Dictionnaire biographique des diplomates et consuls en Chine：1918-1953.* Presses universitaires de Rennes, 2013.

913. Brizay, Bernard. *La France en Chine：du XVIIe siècle à nos jours.* Perrin, 2013.

914. Cardenal, Jùan Pablo；Araùjo, Heriberto. *Le siècle de la Chine. Comment Pékin refait le monde à son image.* Flammarion, 2013.

915. Giblin, Béatrice［etc.］. *Regards géopolitiques sur la Chine.* Découverte, 2013.

916.* Holtzinger, Jean-Marie. *Chine，Iran，Russie：un nouvel empire mongol？.* Lavauzelle, 2013.

917. Hotier, Hugues. *France-Chine：interculturalité et communication.* L'Harmattan, 2013.

918. N'Diaye, Tidiane. *Le jaune et le noir：enquête historique.* Gallimard, 2013.

919.* Paris, Général Henri. *L'oncle Sam et le mandarin.* Nuvis, 2013.

政治·社会·环境

920. * Allès, Élisabeth. *L'islam de Chine：un islam en situation minoritaire*. IISMM, 2013.

921. Andrésy, Agnès. *Xi Jinping：la Chine rouge nouvelle génération.* L'Harmattan, 2013.

922. Balme, Stéphanie. *La tentation de la Chine：nouvelles idées reçues sur un pays en mutation.* Le Cavalier bleu éditions, 2013.

923. Bouée, Charles Edouard. *Comment la Chine change le monde.* Dialogues, 2013.

924.* Coué, Philippe. *Shenzhou，les Chinois dans l'espace：naissance d'une grande puissance spatiale.* l'Esprit du temps, 2013.

925. De Charette, Laure；Zipfel, Marion. *Chine：Les nouveaux milliardaires rouges.* Archipel, 2013.

926. Doulet, Jean-François. *La ville "made in China".* B2, 2013.

927. Frèches, José. *Dictionnaire amoureux de la Chine*. Plon, 2013.

928. Frenkiel, Emilie; Rocca, Jean-Louis. *La Chine en mouvements*. Presses universitaires de Rennes, 2013.

929. Froissart, Chloé. *La Chine et ses migrants: la conquête d'une citoyenneté*. Rennes, 2013.

930.* Gombeaud, Adrien. *Dans les pas du Petit Timonier: la Chine, vingt ans après Deng Xiaoping*. Seuil, 2013.

931. Henriot, Carine. *Shanghai, les périphéries urbaines d'une métropole émergente: le cas de la ville nouvelle de Songjiang*. Pôle de recherche pour l'organisation et la diffusion de l'information géographique, 2013.

932. Izraëlewicz, Erik. *Chine: de la révolution à la naissance d'un géant*. Le Monde, 2013.

933. Le Belzic, Sébastien. *Chine, le cauchemar écologique*. Sépia, 2013.

934. Lu, Jack. *Les deux visages du Tibet*. Publibook, 2013.

935. Mengin, Françoise. *Fragments d'une guerre inachevée: les entrepreneurs taiwanais et la partition de la Chine*. Karthala, 2013.

936. Mespoulet, Valérie. *Etre femme et lesbienne à Taiwan*. L'Ecritoire du Publieur, 2013.

937. Ngo, Thi Minh-Hoang. *Doit-on avoir peur de la Chine?: le communisme chinois et l'Occident*. L'aube, 2013.

938.* Puel, Caroline. *Les trente glorieuses chinoises: de 1980 à nos jours*. Perrin, 2013.

939. Rambures, Dominique de. *Chine: le grand écart: le modèle chinois de développement*. Aube, 2013.

940. Sélim, Monique. *Hommes et femmes dans la production de la société civile à Canton (Chine)*. L'Harmattan, 2013.

941. Taussig, Sylvie; Lincot, Emmanuel. *À propos de la sortie de la religion en Chine.*... ESKA, 2013.

942. Tison, Brigitte. *Identités, codes et valeurs en Chine*. L'Harmattan, 2013.

943. Tondre, Fanny; Jobard, *Olivier. Retour à Wenzhou*. Neus, 2013.

944. Tur, Jean-Jacques. *La Chine: trois révolutions pour une renaissance: de Sun Yat-sen à Xí Jìnpíng*. L'Harmattan, 2013.

经济 · 资源 · 发展

945. * Boillot, Jean-Joseph; Dembinski, Stanislas. *Chindiafrique*: *la Chine*, *l'Inde et l'Afrique feront le monde de demain*. O. Jacob, 2013.

946. Da Costa, Pascal; Maupard, Hadrien [etc.]. *états – Unis*, *Europe*, *Chine*: *des états au cœur des crises financières et économiques mondiales*. L'Harmattan, 2013.

947. Hay, Françoise [etc.]. *Faut-il encore investir en Chine?*: *opportunités*, *risques et logiques économiques*. L'Harmattan, 2013.

948. Jolly, Dominique R.. *Stratégies d'entreprises en Chine*: *entre soleil et nuages*. Pearson, 2013.

历史 · 思想 · 文化

949. Birebent, Christian; Gavrilof, Élodie. *La Chine et le monde*: *1919-1949*: *en 25 fiches*. Ellipses, 2013.

950. Boullenois, Camille. *La révolution culturelle chinoise sous le regard des Français* (*1966-1971*). L'Harmattan, 2013.

951. * Bourdin, Juliette. *Entre porte ouverte et "porte fermée"*: *la politique chinoise des états – Unis du XIXe au XXIe siècle*. Presses Sorbonne nouvelle, 2013.

952. Bout, Judith. *Les confessions de Maître Zhang*: *l'avocat de la Bande des Quatre et des dissidents chinois*. François Bourin, 2013.

953. Brunel, Pierre; Daniel, Yvan. *Paul Claudel en Chine*. Presses universitaires de Rennes, 2013.

954. * Campo, Daniela. *La construction de la sainteté dans la Chine moderne*: *la vie du maître bouddhiste Xuyun*. Belles lettres, 2013.

955. * Chaussende, Damien. *La Chine au XVIIIe siècle*: *l'apogée de l'empire sino-mand-chou des Qing*. Belles lettres, 2013.

956. Deloin, François. *Journal d'un soldat français en Chine*, *1900-1901*. Rive-neuve, 2013.

957. Édel, Chantal. *Tibet*: *vers la terre interdite*. Omnibus, 2013.

958. Fava, Patrice. *Aux portes du ciel*: *la statuaire taoïste du Hunan*: *art et anthropol-ogie de la Chine*. Belles lettres; école française d'Extrême – Orient, 2013.

959. * Formoso, Bernard. *Costumes du Yunnan, Chine : identité et symbolique de la parure.* Société d'ethnologie, 2013.

960. Gallais, Denis. *La guerre des "Boxers" : la marine française dans l'expédition de Chine, 1900-1901.* SRE, 2013.

961. Ha Thuc, Caroline. *L'art contemporain à Hong Kong.* Nouvelles éd. Scala, 2013.

962. Koenig, Serge. *Alpiniste et diplomate : j'entends battre le coeur de la Chine.* Glénat, 2013.

963. Lavis, Alexis. *Paroles de sages chinois.* Seuil, 2013.

964. Le Cage, Annie. *Turbulence dans un ciel clair : à Pékin, à l'aube de la Révolution culturelle.* Lacurne, 2013.

965. Leang, Christine. *Embarquement pour la Chine : histoires et destinées françaises dans l'empire du Milieu.* Pacifica, 2013.

966. Lenain, Géraldine. *Monsieur Loo : le roman d'un marchand d'art asiatique.* éditions Philippe Picquier, 2013.

967. Marcel, Antoine. *Voyageant parmi les nuages : l'esprit des maîtres Tang, poètes, hommes de Tch'an et de Tao.* Sully, 2013.

968. Martens, Élisabeth. *Qui sont les Chinois? : pensées et paroles de Chine.* Max Milo, 2013.

969. Matot, Bertrand. *Fort Bayard : quand la France vendait son opium.* Éditions François Bourin, 2013.

970. Meyer, éric [etc.]. *Tíbet, último grito : diario de un viaje al País de las Nieves.* Mondo Galería; Icaria, 2013.

971. Névot, Aurélie. *Versets chamaniques : textes rituels du Yunnan, Chine.* Société d'ethnologie, 2013.

972. Pavé, François. *Le péril jaune à la fin du XIXe siècle : fantasme ou réalité?.* L'Harmattan, 2013.

973. Ramir, Sylvie. *Lucek, un Juif à Shanghai.* Bayard, 2013.

974. Réau, Raphaël; Marchat, Philippe. *Raphaël Réau, consul à Hankéou pendant la révolution chinoise et la Grande guerre, 1910-1916.* L'Harmattan, 2013.

975. Schneider, Nicola. *Le renoncement au féminin : couvents et nonnes dans le bouddhisme tibétain.* Presses universitaires de Paris Ouest, 2013.

976. Segalen, Victor [etc.]. *Le mythe de la Chine impériale.* Honoré Champion, 2013.

977. Vandermeersch, Léon. *Les deux raisons de la pensée chinoise: divination et idéographie.* Gallimard, 2013.

978. Wang, Li. *La Convention pour la sauvegarde du patrimoine culturel immatériel: son application en droits français et chinois.* L'Harmattan, 2013.

979. Yang, Yuping. *Baudelaire et la poésie chinoise souterraine au temps de la révolution culturelle: des plaisirs plus aigus que la glace et le fer.* Presses Sorbonne nouvelle, 2013.

韩文著作目录

980. 강동수 . 중국 지역경제 체제의 특징과 위험요인 . 한국개발연구원, 2013.

981. 강일규 [등] . 중국의 기업대학 제도 및 운영 현황 분석 연구 . KIEP (대외경제정책연구원) , 2013.

982. 고충석, 강병철 . 이어도 해양분쟁과 중국 민족주의 . 한국학술정보, 2013.

983. 공봉진, 김태욱 . (중국발전의 실험과 모델) 차이나 컨센서스 . 한국학술정보, 2013.

984. 곽승지 . 조선족, 그들은 누구인가 : 중국 정착 과정에서의 슬픈 역사 . 인간사랑, 2013.

985. 구기보 . 중국금융론 . 三英社, 2013.

986. 구성희 . 중국여성을 말하다 : 가려진 중국여성들의 생활사 . 한국학술정보, 2013.

987. 구자억 [등] . 중국의 천인계획연구 . KIEP (대외경제정책연구원) , 2013.

988. 국방기술품질원 . (2013) 중국 군사력 및 안보 동향 . 국방기술품질원, 2013.

989. 기세찬 . 중일전쟁과 중국의 대일군사전략 (1937–1945) . 경인문화사, 2013.

990. 기승도 [등] . 중국 자동차보험 시장점유율 확대방안 연구 . 보험연구원, 2013.

991. 김규환 . 시진핑 시대 : 중국의 파워엘리트 . 서해문집, 2013.

992. 김기수 . 중국 경제개혁의 정치적 역학 : 지속적인 경제발전을 위한 정치동력의 약화 . 세종연구소, 2013.

993. 김난도 [등] . 트렌드 차이나 : 중국의 소비 DNA 와 소비트렌드 집중 해부 . 문학동네, 2013.

994. 김능우 [등] . 중국 개항도시를 걷다 : 소통과 충돌의 공간, 광주에서 상해까지 . 현암사, 2013.

995. 김동하 . 차이나 머천트 : 중국 상인과 비즈니스의 모든 것 . 한스미디어, 2013.

996. 김동하 . 현대 중국경제와 통상제도 . [2 판] . 부산외국어대학교 출판부, 2013.

997. 김상철 . (14 억 소비자를 사로잡을) 중국 비즈니스의 맥 . 시공사, 2013.

998. 김성수 . 중국의 불법행위법 . 1. 진원사, 2013.

999. 김성옥, 전명종 . 중국 인터넷산업의 개방화 추세 분석 . 정보통신정책연구원, 2013.

1000. 김성욱 [등]. 중국통상론: 중국은 지금 세계 최강국을 꿈꾸고 있다. 두남, 2013.

1001. 김수한 [등] ; 인천발전연구원. 시진핑시대의 중국 정치경제: 정책동향 · 한중교류 · 도시정보. 인천발전연구원, 2013.

1002. 김수한, 김현수. 중국 랴오닝 지역발전에 관한 연구: 도시군 형성 및 역량분석을 중심으로. 인천발전연구원, 2013.

1003. 김영란 [등]. 중국의 사회변동과 가족: 가정소비를 통해본 중국인의 가족생활. 2. KIEP (대외경제정책연구원), 2013.

1004. 김영준. 기기묘묘한 중국의 옛 이야기: 중국 대표 민담 19 선. 어문학사, 2013.

1005. 김용선. 중국경제와 통상. 남서울대학교 출판국, 2013.

1006. 김용준 [등]. 중국 일등기업의 4 가지 비밀. 삼성경제연구소, 2013.

1007. 김윤권. 중국정부의 공무원 인사제도와 정책에 관한 연구. KIEP (대외경제정책연구원), 2013.

1008. 김재현. 중국, 도대체 왜 한국을 오해하나. 알마, 2013.

1009. 김종득, 김장호. 중국무역환경론. 두남, 2013.

1010. 김진열. 양안관계와 중국통일. 높이깊이, 2013.

1011. 김천규 [등]. 중국 서부지구 지역발전계획의 특성 및 도시경쟁력 분석연구. KIEP (대외경제정책연구원), 2013.

1012. 김천홍. 진짜 중국 이야기: 대륙의 스케일, 맨몸으로 부딪치기. 매경출판, 2013.

1013. 김태연. 21 세기 중국사회의 문화변동. 學古房, 2013.

1014. 김태일. 굴기의 시대: G1 으로 향하는 중국몽. 한국학술정보, 2013.

1015. 김하중. 김하중의 중국 이야기. 1-2. 비전과리더십, 2013.

1016. 김한권. 실익을 챙긴 중국과 장기적 포석을 둔 한국: 한 · 중 정상회담의 평가. 아산정책연구원, 2013.

1017. 김현자. 천자의 우주와 신화: 고대 중국의 태양 신앙. 민음사, 2013.

1018. 김홍규. 중국 신외교전략과 당면한 이슈들. 오름, 2013.

1019. 남상윤. 중국사략 세상만사: 조회 · 강연 · 상담 · 담론의 필독서 ; 인물 · 사건 · 로맨스 · 고사성어 총정리. 보명 Books, 2013.

1020. 대외경제정책연구원. (2013 년 중국종합연구 총서) 정책연구과제 요약집. 대외경제정책연구원, 2013.

1021. 덩위원, 장기표. 한반도 통일과 중국. 사회와 연대 세명서관, 2013.

1022. 문익준 [등] . 중국의 녹색성장 전략과 한·중 무역에 대한 시사점 . 대외
경제정책연구원 (KIEP) , 2013.

1023. 미나미 [등] . 중국경제의 전환점 : 동아시아 국가와의 비교 . 시그마프
레스 , 2013.

1024. 민귀식 , 잔더빈 . 한·중 관계와 문화 교류 : 양국 장기체류자의 문화 갈
등과 적응 . 이매진 , 2013.

1025. 박기수 [등] . 중국 전통 상업관행과 금융의 발전 . 한국학술정보 , 2013.

1026. 박영순 [등] . 현대 중국의 진화와 지식네트워크 . 길 , 2013.

1027. 박영환 . 중국의 차문화 . 문현 , 2013.

1028. 박용덕 [등] . 중국 해외 석유가스 개발 추진현황과 한·중간 해외자원 개
발 협력전략 . KIEP (대외경제정책연구원) , 2013.

1029. 박태영 [등] . 중국과 인도의 혁신과 추격 : 소프트웨어산업을 중심으로 .
진한엠앤비 , 2013.

1030. 방용태 . 글로벌마켓탐방 : 인도와 중국 시장 . 2 편 . 청목출판사 , 2013.

1031. 배규식 [등] . 중국 조선족 청년의 이주와 노동시장 진출 연구 . KIEP (대
외경제정책연구원) , 2013.

1032. 배득렬 , 조현국 . 중국문화 이해하기 . 충북대학교 출판부 , 2013.

1033. 배정호 , 최수영 . 전환기 중국의 정치경제 . 통일연구원 , 2013.

1034. 배정호 , 구재회 . 중국의 대내외 관계와 한국의 전략적 교훈 . 통일연구
원 , 2013.

1035. 서종원 [등] . 중국 철도 발전에 따른 한중협력 및 대응방안 . KIEP (대외
경제정책연구원) , 2013.

1036. 선정규 . 여와의 오색돌 : 중국 문화의 신화적 원형 . 고려대학교출판부 ,
2013.

1037. 소치형 . 현대 중국 정치외교론 . 건국대학교출판부 , 2013.

1038. 신문권 , 신영대 . (언어로 이해하는) 중국문화 . 1. 백산출판사 , 2013.

1039. 신상진 , 허시유 . 한·중 교류 협력 발전사 : 수교 이후 정치·경제 관계 .
이매진 , 2013.

1040. 신현수 [등] . 중국 경제구조 변화가 대중국 수출에 미치는 영향과 시사
점 . 산업연구원 , 2013.

1041. 안유화 . 중국 채권시장 현황과 한국 금융기관의 진출전략 자본시장연구
원 , 2013.

1042. 안치영 . 덩 샤오핑 시대의 탄생 : 중국의 역사 재평가와 개혁 . 창비 , 2013.

1043. 오강돈 . 중국시장과 소비자: 현장에서 바라본 중국 비즈니스의 모든 것 . 쌤앤파커스, 2013.

1044. 외교부 동북아시아국 동북아 2 과 . (2013) 중국개황 . 외교부 동북아시아국 동북아 2 과, 2013.

1045. 원동욱 [등] . 중국의 동북지역 개발과 신북방 경제협력의 여건 . KIEP (대외경제정책연구원), 2013.

1046. 유진석 [등] . 중국 내수기업의 프리미엄 전략 . 삼성경제연구소, 2013.

1047. 유현정 . 후진타오시기 중국의 對아세안 (ASEAN) 안보정책과 향후 전망 . 세종연구소, 2013.

1048. 윤여상 [등] . 중국의 탈북자 강제송환으로 인한 인권침해 실태와 개선방안 . 북한인권정보센터, 2013.

1049. 이기현 [등] . 중국 18 차 당대회 분석과 대내외정책 전망 . 통일연구원, 2013.

1050. 이동춘 . 중국은 만리장성을 무너뜨려야 한다 . 그린, 2013.

1051. 이문형 [등] . 중국 중부지역의 주요 산업별 진출 전략: 山西省, 安徽省, 江西省편 . 제 1 권 – 제 2 권 . 산업연구원 (KIET), 2013.

1052. 이상국 . 중국 지방 정부간 권력조정의 정치경제: 저장 · 장쑤 · 지린 3 개 성의 '성관현' 개혁 비교 연구 . 아연출판부, 2013.

1053. 이욱연 . G2 시대 중국 지식인의 '중국' 재발견과 한국 인문 중국학의 과제 . 경제 · 인문사회연구회, 2013.

1054. 이윤진 [등] . 중국의 ECEC 이용 및 운영 실태연구 . KIEP (대외경제정책연구원), 2013.

1055. 이종민 . 흩어진 모래: 현대 중국인의 고뇌와 꿈 . 산지니, 2013.

1056. 이준 [등] . 중국의 식품시장 전망과 국내 식품산업의 대응방안 . 산업연구원, 2013.

1057. 이중엽 . 중국 소싱 노하우: 시장부터 공장까지 중국 상품 완전 정복 . e 비즈북스, 2013.

1058. 이창휘, 박민희 . 중국을 인터뷰하다: 새로운 중국을 만들어가는 사람들 . 창비, 2013.

1059. 이화승 . 상인 이야기 : 인의와 실리를 좇아 천하를 밟은 중국 상인사 . 행성비, 2013.

1060. 이희옥, 장윤미 . 중국의 민주주의는 어떻게 가능한가: 중국의 논의 . 성균관대학교 출판부, 2013.

1061. 임형록 . 글로벌 경제 매트릭스 : 중국 편 : 한국경제를 흔드는 중국의 전략과 미래 !. 새빛, 2013.

1062. 장세진 . 중국의 경쟁다이나믹스 : 다국적기업의 진입 및 경쟁전략과 경영성과 . 박영사, 2013.

1063. 장원삼 ; 외교통상부 . 동북아시아국 . 동북아 3 과 . 중국 주요 성시별 기관장 인적 사항 . 외교부 동북아시아국 동북아 3 과, 2013.

1064. 장정재, 황영순 . 중국의 산업구조 고도화와 부산기업의 대응 : 신발산업을 중심으로 . 부산발전연구원, 2013.

1065. 장정재, 황영순 . 한중 FTA 체결에 따른 중국자본 유치방안 BDi (부산발전연구원), 2013.

1066. 장정호, 이상만 ; 한국군사문제연구원 . 시진핑시대 중국의 해양군사력팽창과 한국의 해양주권 강화방안 연구 . 한국군사문제연구원, 2013.

1067. 전병곤 [등] . 중국 시진핑 지도부의 구성 및 특징 연구 : 중국 지도부의 리더십 분석과 한중 정책협력방안 2013. KINU (통일연구원), 2013.

1068. 전성흥 . 공산당의 진화와 중국의 향배 : 제 18 차 당대회의 종합적 분석 . 서강대학교 출판부, 2013.

1069. 정덕구, 추수룽 . 기로에 선 북중관계 : 중국의 대북한 정책 딜레마 . 중앙북스, 2013.

1070. 정승욱 . 새로운 중국 시진핑 거버넌스 : 태자당 거두 보시라이 정치 파동 전말 수록 . 함께북스, 2013.

1071. 조경란 . 현대 중국 지식인 지도 : 신좌파·자유주의·신유가 . 글항아리, 2013.

1072. 조영남 . 중국의 꿈 : 시진핑 리더십과 중국의 미래 . 민음사, 2013.

1073. 주장환 . 중국 엘리트 정치 : 구조·행위자·동학 . 아연출판부, 2013.

1074. 중국학 @ 센터 . (2012) 중국어문학 연감 . 學古房, 2013.

1075. 최남석, 이경희 . 시진핑 시대 중국의 경제정책 향방과 시사점 ; 한국경제연구원, 2013.

1076. 최문형 일본의 만주 침략과 태평양전쟁으로 가는 길 : 만주와 중국대륙을 둘러싼 열강의 각축 . 지식산업사, 2013.

1077. 한국교육개발원 . (2013 년) 해외교육동향 . 중국 편 . 한국교육개발원, 2013.

1078. 현석, 장홍범 . 아시아 역내 금융환경의 변화 분석 및 시사점 : 중국 위안화의 국제화 진전을 중심으로 . 한국은행 경제연구원, 2013.

1079. 홍순도 [등] . 베이징 특파원 중국 문화를 말하다 : 베이징 특파원 13 인
　　　이 발로 쓴 최신 중국 문화코드 *52* 가지 . 서교출판사, 2013.

1080. 홍순도 . 베이징 특파원 중국 경제를 말하다 : 베이징 특파원 18 인이 발로
　　　쓴 중국 경제 심층 보고서 . 서교출판사, 2013.

1081. 홍윤희 . 용과 중국인 그리고 실크로드 . 소명출판, 2013.

1082. 홍칭, 구천서 . 리커창 : 중국 대륙 경제의 조타수 . 푸른역사, 2013.

1083. 홍현익 . 중국의 부상에 따른 러 • 중관계의 변화와 한국의 대응방안 . 세종
　　　연구소, 2013.

俄文著作目录

朝文著作目录

1084. Абдиров, Мурат Ж.. *Китай в современном глобальном мире*: (*наступит ли в XXI веке эпоха Pax China как осуществление вековой китайской традиции?*): *научно-популярное исследование*. Казак университет, 2013.

1085. Алексанян, А. Г.. *Новые научные подходы к изучению религий Китая*: (*современное зарубежное религиоведение*): *специальный выпуск*. Ин-т Дальнего Востока РАН, 2013.

1086. Анисова, Оксана Леонидовна. *Теория и методика педагогического сопровождения языковой практики будущих специалистов китайского языка в вузах Китая*: монография. КамГУ им. Витуса Беринга, 2013.

1087. Афонасьева, Алина Владиславовна. *Зарубежные китайцы – бизнес в КНР*: *экономическая деятельность зарубежных китайцев и реэмигрантов в ходе реформ в КНР* (*1979-2010 гг.*). ИДВ РАН, 2013.

1088. Базарова, Анна Николаевна. *Основные тенденции развития системы высшего профессионального образования КНР* (*1978-2008 гг.*). Изд-во Бурятского госуниверситета, 2013.

1089. Байчоров, Александр Мухтарович. *Китаизация*: *последствия роста мощи Китая для мира в XXI веке*. Международные отношения, 2013.

1090. Барабанов, Михаил Сергеевич [и др.]. *Оборонная промышленность и торговля вооружениями КНР*. Российский ин-т стратегических исследований, 2013.

1091. Баринова, Елена Борисовна. *Этнокультурные контакты Китая с народами Центральной Азии в древности и средневековье*. Ин-т этнологии и антропологии РАН, 2013.

1092. Буяров, Дмитрий Владимирович. *Современный Китай в системе международных отношений*. ЛИБРОКОМ, 2013.

1093. Буяров, Дмитрий Владимирович. *Традиционный Китай на пути к модернизации*. URSS КРАСАНД, 2013.

1094. Буяров, Дмитрий Владимирович. *Современный Китай*: *социально-экономическое развитие, национальная политика, этнопсихология*. КРАСАНД, 2013.

1095. Васильев, Василий Павлович. *Очерк истории китайской литературы*. Иститут Конфуция в СПбГУ, 2013.

1096. Верещагин, А. В.. *В Китае*: *воспоминания и рассказы 1901-1902 гг.* Книга по Требованию, 2013.

1097. Головачёв, В. Ц.. *Синьхайская революция и республиканский Китай*: *век революций, эволюции и модернизации*: *сборник статей*. ИВ РАН, 2013.

1098. Головин, Сергей Александрович. *Российская духовная миссия в Китае*: *исторический очерк*. Изд-во БГПУ, 2013.

1099. Горбунова, Светлана Алексеевна. *Индийская трактовка современных проблем КНР*: *специальный выпуск*. ИДВ РАН, 2013.

1100. Грачева, Татьяна Васильевна. *Китай в объятьях дракона*: [*под чьим контролем находится Китай, кем в действительности был Чингизхан, Китайская Хазария и Глобальный проект Китая, что может объединить Россию и Китай*]. Техинвест – 3, 2013.

1101. Гритчина, О. В.. *Камень тысячи людей*: *средневековая поэзия Китая*. Литера Нова, 2013.

1102. Гузенкова, Тамара Семеновна; Карпов, М. В.. *Страны СНГ и Балтии в глобальной политике Китая*. РИСИ, 2013.

1103. Гурин, Максим Владимирович [и др.]. *Социально-коммуникативные возможности китайской иероглифики в современном мире*. Пятигорский гос. лингвистический ун-т, 2013.

1104. Гэн, Хайтянь. *Роль и место конфуцианства в процессе модернизации современного Китая*. Дальневосточный федеральный ун-т, 2013.

1105. Дельнов, Алексей Алексеевич. *Китайская империя*: *от Сына Неба до Мао Цзэдуна*. Алгоритм, 2013.

1106. Дятлова, Елена Викторовна. *Историческая динамика представлений о китайский торговцах, предпринимательстве и деловой культуре в позднеимперской и современной России*. Изд-во ИГУ, 2013.

1107. Есаулов, Георгий Васильевич. *Архитектура Китая*: *два взгляда*. Нестор – История, 2013.

1108. Ильин, Владимир Евгеньевич. *Авиация Великого соседа*. Кн. 3, *Боевые самолеты Китая*. Русские Витязи, 2013.

1109. Институт Дальнего Востока (Москва) РАН. *XX Международной научной конференции " Китай, китайская цивилизация и мир. История, современность, перспективы" (20*: *Москва*: *2013*). ИДВ РАН, 2013.

1110. Кобзев, Артем Игоревич. *Общество и государство в Китае*: 43 – я *научная конференция. Т. XLIII, ч. 1* Ин-т Востоковедения РАН, 2013.

1111. Кобзев, Артем Игоревич; Вяткин, Анатолий Рудольфович. *Архив российской китаистики. Т. 1. Вост. лит. , 2013.*

1112. Кобзев, Артем Игоревич; Вяткин, Анатолий Рудольфович. *Архив российской китаистики. Т. 2. Вост. лит. , 2013.*

1113. Кокарев, К. А. ［и др.］. *Центральная Азия*：*проблемы и перспективы （ взгляд из России и Китая ）: сборник статей.* Российский ин-т стратегических исслед. , 2013.

1114. Колтыпин, Александр Викторович. *Боги и демоны Китая, Кореи и Японии. история мира и войн богов коренных жителей.* Вече, 2013.

1115. Конфуций; Виногродский, Бронислав Брониславович. *Рассуждения в изречениях.* Эксмо, 2013.

1116. Корольков, Максим Владимирович. *Цзоуяньшу （ " Сборник судебных запросов " ）. Палеографические документы Древнего Китая.* Восточная литература, 2013.

1117. Кузнецов, Дмитрий Владиславович. *Китай в зеркале общественного мнения.* Изд-во БГПУ, 2013.

1118. Кузьменко, Лариса Ивановна. *Искусство Китая*：*путеводитель по постоянной экспозиции.* Государственный музей Востока, 2013.

1119. Ларичев, Виталий Епифанович. ［пер. с маньчж. Л. В. Тюрюминой］. *Маньвэнь лао дан.* Ин-т археологии и этнографии, 2013.

1120. Локшин, Григорий Михайлович. *Южно－Китайское море*：*трудный поиск согласия.* ИДВ РАН, 2013.

1121. Лукин, Александр Владимирович; Дипломатическая акад (Москва), МИД. *Россия и Китай. четыре века взаимодействия история, современное состояние и перспективы развития российско-китайских отношений.* Весь мир, 2013.

1122. Малявин, В. В. . *Экономика жизни. Менеджмент и стратегии бизнеса в Китае.* Феория Центр Владимира Малявина "Средоточие", 2013.

1123. Мартьянова, Л. М. . *Народные традиции Китая*：*57 очерков о культуре Поднебесной.* Центрполиграф, 2013.

1124. Мозиас, Петр Михайлович. *Экономика современного Китая*：*макротенденции, реформы, внешние связи*：*реферативный сбор.* ИНИОН РАН, 2013.

1125. Новикова, Ирина. *Искусство Японии, Китая и Кореи.* Эксмо, 2013.

1126. Овчинников, Всеволод Владимирович. *Два лица Востока. впечатления и размышления от одиннадцати лет работы в Китае и семи лет в Японии.*

АСТ，2013.

1127. Ожогин，Владимир Ильич. *Конфуций*：*человек*，*политик*，*учитель*：*личность и учение в контексте эпохи "соперничества ста школ" классической китайской философии*：*программа и материалы к курсу лекций*. Новосиб. гос. ун-т. ，2013.

1128. Окороков，Александр Васильевич. *В боях за Поднебесную*：*русский след в Китае*. Вече，2013.

1129. Островский，А. В.；Каменнов，П. Б. . *Экономика КНР*：*10 лет после вступления в ВТО*：［*в 2 ч.* ］. Ч. 1. ИДВ РАН，2013.

1130. Островский，А. В.；Каменнов，П. Б. . *Экономика КНР*：*10 лет после вступления в ВТО*：［*в 2 ч.* ］. Ч. 2. ИДВ РАН，2013.

1131. Петросян，Г. Э. . *Китай глазами армян*. Лимуш，2013.

1132. Портяков，Владимир Яковлевич. *Становление Китая как ответственной глобальной державы*. ИДВ РАН，2013.

1133. Пясецкий，П. Я. . *Путешествие по Китаю в 1874-1875 гг*. Т. 2. Книга по Требованию，2013.

1134. Самарин，Игорь Анатольевич. *Китайские монеты цянь в истории Сахалина*：*эпоха Средневековья и Нового времени*. Сахалинская обл. тип. ，2013.

1135. Сафронова，Е. И.；Институт Дальнего Востока（Москва）РАН. *Китай в мировой и региональной политике*：*история и современность*. *Вып*. 18. Ин-т Дальнего Востока РАН，2013.

1136. Смирнов，И. С. *Религиозный мир Китая，2013*：*исследования，материалы，переводы*. РГГУ，2013.

1137. Соколов－Ремизов，Сергей Николаевич. *Живопись и каллиграфия Китая и Японии на стыке тысячелетий в аспекте футурологических предположений*：*между прошлым и будущем*. Либроком，2013.

1138. Спальвин，Е. Г. . *Война между Китаем и Японией в 1894-1895 гг*. Книга по Требованию，2013.

1139. Сунь，Цзюань. *Развитие музыкального театра в Китае*. Энциклопедикс，2013.

1140. Супонина，Е. В.；Российский институт стратегических исследований. *Регион Центральной Азии*：*состояние，проблемы и перспективы российско-китайского взаимодействия*：*сборник докладов*. РИСИ，2013.

1141. Сыроежкин，Константин Львович. *Наследие тандема "Ху－Вэнь" и* "*пятое поколение*" *китайских руководителей*. Казахстанский ин-т стратегических исследований при Президенте РК, 2013.

1142. Тимковский, Е. А. *Путешествие в Китай через Монголию в 1820 и 1821 годах. Ч. 1, Пребывание в Пекине*. Книга по Требованию, 2013.

1143. Тимковский, Е. А. *Путешествие в Китай через Монголию в 1820 и 1821 годах. Ч. 2, Пребывание в Пекине*. Книга по Требованию, 2013.

1144. Титаренко, Михаил Леонтьевич. *Китайская Народная Республика: политика, экономика, культура, 2012-2013*. ФОРУМ, 2013.

1145. Тихвинский, С. Л.; Мамаева, Н. Л.. *История Китая с древнейших времен до начала XXI века: [в 10 т.]. Т. 7, Китайская Республика (1912-1949)*. Восточная литература, 2013.

1146. Тихвинский, С. Л.; Переломов, Л. С.. *История Китая с древнейших времен до начала XXI века: [в 10 т.]. Т. 2, Эпоха Чжаньго, Цинь и Хань (V в. до н. э. – III в. н. э.)*. Восточная литература, 2013.

1147. Томберг, Игорь Ремуальдович; Институт востоковедения РАН. *Энергетика КНР в мирохозяйственном контексте*. ИВ РАН, 2013.

1148. Храмчихин, Александр Анатольевич. *Дракон проснулся?: внутренние проблемы Китая как источник китайской угрозы для России*. Ключ – С, 2013.

1149. Чжан, Бинлинь; Калюжная, Нина Михайловна. *Избранные произведения (1894-1913)*. Восточная литература, 2013.

1150. Чжу, Шисон. *Международная производственная кооперация и ее влияние на конкурентоспособность продукции (на примере обувной промышленности Китайской Народной Республики и Республики Беларусь)*. Право и экономика, 2013.

1151. Чудодеев, Юрий Владимирович. *Крах монархии в Китае*. Институт востоковедения РАН, 2013.

1152. Янгутов, Леонид Евграфович; Институт монголоведения, буддологии и тибетологии (Улан – Удэ). *Буддийские тексты в Китае, Тибете, Монголии и Бурятии – 3: сборник статей*. Изд-во БГУ, 2013.

1153. Янчевецкий, Дмитрий Григорьевич. *У стен недвижного Китая: с приложением книги А. В. Верещагина "В Китае"*. Эксмо, 2013.

1154. Яо Ин. *Философия гуманизма И. Т. Фролова: взгляд из Китая*. ЛЕНАНД, 2013.

意大利文著作目录

1155. Albanese Andreina. *Tutto sotto il cielo*. Aracne, 2013.

1156. Bertuccioli, Giuliano. *La letteratura cinese.* [*Nuova edizione aggiornata*]. L'Asino d'oro, 2013.

1157. Giuseppe, Iannini; Giovanni, Salvini. *La Cina oggi. Una potenza al bivio tra cooperazione e antagonismo.* Rubettino, 2013.

1158. Hirst, Bamboo. *L'ultimo ballo nella città proibita.* Piemme, 2013.

1159. Lavagnino, Alessandra Cristina; Pozzi, Silvia. *Cultura cinese. Segno, scrittura e civiltà.* Carocci, 2013.

1160. Manganelli, Giorgio. *Cina e altri Orienti.* Adelphi, 2013.

1161. Miranda, Marina. *La Cina dopo il 2012: dal centenario della prima repubblica al XVIII Congresso del Partito comunista.* L'Asino d'oro edizioni, 2013.

1162. Moravia, Alberto. *La rivoluzione culturale in cina. ovvero il convitato di pietra.* Bompiani, 2013.

1163. Pascucci, Angela. *Potere e società in Cina.* Edizioni dell'asino, 2013.

1164. Pieranni, Simone. *Il nuovo sogno cinese.* Manifestolibri, 2013.

1165. Pisu, Renata. *Né dio né legge: La Cina e il caos armonioso.* Laterza, 2013.

1166. Scarpari, Maurizio. *Mencio e l'arte di governo.* Marsilio, 2013.

1167. Soranzo, Michele. *Shanghai. come trasferirsi E vivere all'estero.* Fazi, 2013.

1168. Stafutti, Stefania; Sabattini, Elisa. *La Cina al femminile. Il ruolo della donna nella cultura cinese.* Aracne, 2013.

1169. Stefano, Cammelli. *Muri rossi. Storie di occidentali in Cina.* Pagliai, 2013.

1170. Sun Tzu; Ricci, Matteo (Translator). *L'arte della guerra: Versione Haliana − Cinese.* Einaudi, 2013.